城市轨道交通建设技术丛书

城市轨道交通前期工作管理概论

余仁国 陈 根 任 伟 主编

西南交通大学出版社
·成都·

图书在版编目（CIP）数据

城市轨道交通前期工作管理概论 / 余仁国，陈根，任伟主编. -- 成都：西南交通大学出版社，2025.6.
ISBN 978-7-5774-0468-4

Ⅰ．U239.5

中国国家版本馆 CIP 数据核字第 2025X359D7 号

Chengshi Guidao Jiaotong Qianqi Gongzuo Guanli Gailun
城市轨道交通前期工作管理概论

余仁国　陈　根　任　伟 / 主编

策划编辑 / 陈　斌
责任编辑 / 宋浩田
责任校对 / 左凌涛
封面设计 / 吴　兵

西南交通大学出版社出版发行
（四川省成都市金牛区二环路北一段 111 号西南交通大学创新大厦 21 楼　610031）
营销部电话：028-87600564　　028-87600533
网址：https://www.xnjdcbs.com
印刷：成都蜀通印务有限责任公司

成品尺寸　170 mm × 230 mm
印张　11.25　　字数　164 千
版次　2025 年 6 月第 1 版　　印次　2025 年 6 月第 1 次

书号　ISBN 978-7-5774-0468-4
定价　65.00 元

课件咨询电话：028-81435775
图书如有印装质量问题　本社负责退换
版权所有　盗版必究　举报电话：028-87600562

本书编委会

主　　任：余仁国

常务副主任：陈　根

委　　员：董天鸿　陶方清　彭忠国　李家顺　杨　军

主　　编：余仁国　陈　根　任　伟
副 主 编：梅华国　江承建　王金涛　李明军　邓众益　蒋汶欣
参　　编：欧阳斌　余青海　陈　浩　布占江　翟新文　石新超
　　　　　王国红　孙　钊　谢　怡　李勤杰　田　波　甄世荣
　　　　　吴国强　赵洪鹏　杨　波　胡　飞　黄胜杰　黄　亮
　　　　　刘锡良　袁家伟　李　骁

前 言
PREFACE

城市轨道交通是一个城市公共交通的主干力量，是运送客流的大动脉。轨道交通工程也因此成为了城市的生命线工程，往往被列为所在城市的重点民生工程。轨道交通建成运营后，将直接关系到城市居民的出行、工作、购物和生活，轨道运营路网的形成和完善将大大提高一个城市的基础建设水平，提升城市的核心竞争力。

中建三局集团有限公司作为中国建筑的优秀排头兵，积极响应党中央国务院的号召，致力于打造世界一流企业，助力城市基础设施建设。本书借助市域（郊）铁路成都至德阳线德阳段工程，为工程项目前期工作管理做出总结。该项目全长 70.87 km，连接成都、德阳两座城市，其中由中国建筑股份有限公司牵头承建的德阳段长 40.25 km，共设车站 7 座（高架站 3 座，地下站 4 座），另设德阳北车辆段及出入线工程，其中正线高架段长 27.26 km，地下段长 11.61 km，路基及过渡段长 1.38 km。设计最高时速 160 km，是目前全国市域铁路中的最高时速。项目被划分为土建、铺轨、供电及机电装修等共 21 个工区。经过近六年对地铁线路工程管理的积极探索与实践，中建三局在地铁项目总承包管理方面取得了一些经验，同时也对不足之处进行了深入思考，并提出了一些积极的建议。为提高公司地铁项目施工技术管理水平，加快前期工作进度，规范地铁项目前期管理工作，并有效衔接地铁工程项目和地铁施工过程，提高企业竞争力和效益，特制定《城市轨道交通前期工作管理概论》。

本书从工程实际应用的角度出发，结合成都地铁集团及中建三局的企业特点，充分考虑地铁前期工作的特殊性，编写注重实用性和普遍性。针对目前地铁前期工作的特点，探索了如何进行前期工作总承包管理，明确了管理过程中的重点，在管理体系、流程、制度及成效等方面进行具体指导和实践经验总结。轨道交通建设可简单分为前期排障、工程建设、运营管理等三大主要阶段。轨道交通建设前期排障工作主要可分为房屋拆迁、土地征收等永久征拆项目，并包括临时用地、管线迁改、绿化迁移、交通疏解等政策处理相关的内容。

本项目前期工作局面打开后，围绕过程中的各板块流程步骤进行了思考与总结，形成了本指南，内容主要以市域（郊）铁路成都至德阳线德阳段工程前期工作的组织管理、过程管控为主开展总结与论述，可供类似工程在前期管理阶段进行借鉴和参考，并指导企业在前期策划阶段的决策与管控。

本书分为11章，包括概述、前期工作管理制度、土地报征、房屋征收、临时用地、交通疏解、绿化迁移及市政设施迁改、管线迁改和保护、高压输电线路迁改、涉铁施工手续办理、涉河施工手续办理。概述主要分前期工作目标、意义以及总体原则等内容；前期工作管理制度主要包含各责任单位及部门相关职责、奖惩条例、工作联系及会议机制等内容；征地拆迁主要包含集体用地报征、国有土地征用、临时用地、拆迁协议签订、补偿协议等内容；交通疏解主要包含交通疏解方案及优化意见、实现降本增效等内容；管线迁改包含高架段、地下站管线详情统计、走向位置分析、影响工期及迁改方案优化等内容；高压输电线路迁改包含本项目高压线类型及影响范围、迁改路由、高压迁改施工临时便道占用等内容；涉铁施工包含涉铁手续办理、方案评审等内容；涉河施工包含上跨河流手续办理、河道汛期要求等内容。全书涵盖本项目前期工作各业务板块任务，全方位描述了前期工作的重点及难点，为前期工作的开展提供参考性解决方案。

由于地铁轨道交通工程施工进度紧张，加之本项目前期工作体量大、周期长，本书编写组水平有限，书中难免存在不足之处，恳请广大读者批评指正。

编 者

2025 年 6 月

目 录
CONTENTS

第 1 章 概 述 ... 001
  1.1 前期工作目的 ... 001
  1.2 前期工作推进原则 ... 002
  1.3 前期工作重难点及应对措施 ... 004

第 2 章 前期工作管理制度 ... 007
  2.1 适用范围 ... 007
  2.2 各方工作职责 ... 008
  2.3 前期工作会议制度 ... 011
  2.4 奖罚细则 ... 012

第 3 章 土地报征 ... 016
  3.1 专业用语 ... 016
  3.2 用地预审和规划选址主要办理流程 ... 019
  3.3 审批权限 ... 024
  3.4 土地报征主要办理流程 ... 024
  3.5 工作建议 ... 029

第 4 章 房屋征收 ... 030
  4.1 房屋征收流程 ... 030
  4.2 工作建议 ... 033

第5章 临时用地 ... 035
5.1 临时用地相关要求 ... 035
5.2 临时用地办理流程 ... 038
5.3 工作建议 ... 040

第6章 交通疏解 ... 042
6.1 交通疏解工作的基本原则 ... 042
6.2 交通疏解思路 ... 042
6.3 工作流程 ... 043
6.4 轨道交通占道打围范围管理 ... 050
6.5 交通疏解方案 ... 051

第7章 绿化迁移及市政设施迁移 ... 072
7.1 绿化迁移 ... 072
7.2 市政设施迁移 ... 083

第8章 管线迁改和保护 ... 086
8.1 管线工作总体情况 ... 086
8.2 管线迁改涉及产权单位 ... 087
8.3 管线迁改协调平台及对象 ... 087
8.4 管线迁改和保护思路 ... 088
8.5 管线迁改工作流程 ... 089
8.6 管线保护 ... 093
8.7 工作建议 ... 116

第9章 高压输电线路迁改 118

9.1 高压输电线具体分布 119
9.2 高压输电线迁改流程 119
9.3 高压输电线迁改计划 122
9.4 迁改方案的确定与落规 122
9.5 净空审批意见的取得 123
9.6 环水保评价报告的工作内容及流程 125
9.7 国家电网市级供电公司对高压迁改方案的初步审查 127
9.8 国家电网四川省电力公司对高压迁改方案的审查 129
9.9 建管协议的签订与电力设计、施工、监理单位的招标 131
9.10 电力施工单位现场迁改及竣工验收 133
9.11 工作建议 133

第10章 涉铁施工手续办理 135

10.1 涉铁部门及职责 135
10.2 涉铁分类 139
10.3 涉铁流程 140
10.4 工作建议 148

第11章 涉河施工手续办理 149

11.1 审查要求 149
11.2 审查材料 150
11.3 审查流程 150

参考文献 165

附 录 一 167

附 录 二 169

第1章 概 述

1.1 前期工作目的

为深入学习贯彻习近平新时代中国特色社会主义思想和党的二十大精神，切实加强工程项目前期工作管理，依据国家、现行的法律法规以及项目业主在征地拆迁、管线迁改、交通疏解、绿化迁移、市政设施迁改等方面的相关文件规定，进一步明确工程管理主体各层级的工作职责范围，充分履行机构前期协调部（以下简称"前期部"）组织、协调、管理和服务职责，达到科学统筹、主动协调、快速推进的目的，为工程项目施工及时清除前期障碍，创造和谐的外部施工环境。总包管理机构及各下属项目部按不同职责划分各自应履行的义务。一般地铁工程前期工作体量大，外部环境制约因素多。线路管线迁改和保护量大、管线情况错综复杂，具体困难包括：高压、中石油等重大管线迁改周期长；土地报征手续周期长、临时用地制约因素多、房屋征拆量大；涉铁、涉河手续办理流程长、审批环节多；站点途经闹市区、交通疏解组织困难。前期工作开展过程中，要严格执行国家法律法规、省、市及项目业主在征地拆迁、管线迁改、交通疏解、绿化迁移等方面的相关文件规定。主动配合和协调属地政府、业主单位共同推动前期工作的开展；对全线进行调查，复核前期勘察资料，明确征地拆迁、管线改迁和保护等工作的范围和具体任务，详细提出征地拆迁、管线迁改和保护、交通疏解、涉铁涉河等前期工作的优化建议并落实具体事项的实施。为工程项目施工及时清除前期障碍，创造和谐的外部施工环境。

1.2 前期工作推进原则

1.2.1 总体原则

统一思想，统筹安排，分级管理，合理分工，落实责任，主动出击，相互配合，快速推进；进场早介入，问题早暴露，协调早进行，事情早解决；积极配合业主，协调地方政府各级职能部门，主动参与，不等、不靠、不拖；依据工程项目合同，积极主动配合业主组织实施工程项目红线范围内的征地拆迁、管线迁改、管线保护、绿化迁移及恢复、市政设施拆除及恢复以及根据工程建设所需实施的有关对外协调工作。

1.2.2 分层对接原则

市、区政府相关职能部门人员及产权单位副总及以上层级领导、镇政府、属地街道、村社相关职能部门人员、产权单位相关人员，按总承包管理机构、各下属工区项目部的层级分层对接相关经办人，工区项目部如需对接更高层次人员，应向总承包管理机构先行汇报。如工区项目部未经汇报越层对接造成不良影响，后果由项目自行承担。

1.2.3 重大问题上报原则

在前期工作过程中遇到需协调解决的重大问题时，原则上需书面提报总承包管理机构，经有关部门沟通后按程序及时上报业主协调解决。未经上报和履行相关程序，擅自与业主、政府部门及产权单位进行对接而出现问题的，由工区项目部承担全部责任。

1.2.4 整体统筹原则

工区项目部应超前做好前期工作的整体统筹，及时对各类设计图纸进行全面复核，将各项前期工作纳入工筹制定全过程，避免因数据偏差、工序混乱、现场盲目施工等导致前期工作难度增大或无法实施，出现此类问题时项目部应自行负责处理。

1.2.5 临时用地原则

合法合规、合理布局、节约用地、手续完备。临时用地须按市区行政主管部门要求及时办理用地手续，杜绝先占后批的现象发生，严禁出现因交通疏解、管线迁改工作需要临时用地而拆除房屋的情况。

1.2.6 占道打围原则

按照相关行政部门的要求，结合施工现场实际，全面统筹主体结构、附属结构、管线迁改等工程施工工序，科学合理地编制交通疏解专项方案。精心组织，分阶段动态打围，尽量在一次围挡期间完成围挡范围内所有主体及附属结构施工，减少占道时间和占道面积，降低对交通和环境的影响，坚决杜绝"用而不围、围而不用、多围少用、短用长围"的行为。

1.2.7 绿化迁移（砍伐）工作原则

（1）严禁擅自迁移、砍伐，原则上不砍；

（2）严格控制移植数量，尽量少移；

（3）古树名木原则上不移，实行就地保护；

（4）先围后迁，能迁市属的不迁区属，能迁区属的不迁企业，能迁企业的不迁个人；

（5）绿化迁移后，及时围蔽施工，未施工部分须及时进行裸土覆盖，严禁泥土裸露。

1.2.8 交通疏解原则

按照相关行政部门的要求，结合施工现场实际，全面统筹主体结构、附属结构、管线迁改等工程施工工序，科学合理编制交通疏解专项方案。精心组织，分阶段动态打围，尽量在一次围挡期间完成围挡范围内所有主体及附属结构施工，减少占道时间和占道面积，降低对交通和环境的影响，坚决杜绝"用而不围、围而不用、多围少用、短用长围"的行为。

1.2.9 管线迁改和保护原则

能迁改的管线就争取永久迁改，尽量不采取二次迁改或悬吊保护。永迁管线主要考虑影响工程施工和迁改完成后恢复原状费用高的地下管线，首推一次性迁改出工程实施范围可降低施工难度、施工风险且节约了工程成本。临迁管线主要考虑埋深较浅、临迁线路新路由不满足长期使用及维护要求、高压高爆、管线安全等级较高以及施工处理难度大的地下管线。悬吊保护措施主要考虑迁改难度较大、迁改实施制约地铁工程工期、迁改费用高的管线；对于横跨基坑和出入口上方的自来水、排水原则上采用局部换钢管进行悬吊保护。

1.3 前期工作重难点及应对措施

1.3.1 前期工作重难点

市政工程是指城市基础设施建设与管理的工作，由于复杂性和困难性大，存在着以下难点问题。

（1）地质条件复杂：不同地区的地质条件各异，有的地区存在高含水量的地层，有的地区存在岩石、泥沙等特殊地质构造。这些地质条件的复杂性给市政工程带来了很大的挑战。

（2）工期紧凑：在城市繁忙的街道上进行施工时，对工程管理和施工人员提出了非常高的要求。同时，施工期间还需充分考虑到交通疏导、噪音控制等问题才能如期完成施工。

（3）土地稀缺：城市土地资源十分有限，市政工程需要占用大量土地，针对这个问题，可以通过土地再利用，提高土地使用效率，也可以选择在城市开发中废置的土地上进行市政工程建设，通过合理规划和布局，充分利用现有土地资源，提升城市的美观度。

（4）周边环境保护：市政工程会对周边环境产生影响，如噪声污染、粉尘、振动等，如何保护周边环境是市政工程中必须要考虑的问题。在施工之前，需要制定详细的环境保护方案，合理控制施工噪声、粉尘等对周边环境的影响。

并且在施工过程中，要加强监测和管理，及时采取相应的措施来减少对周边环境的影响。

（5）资金筹措困难：市政工程需要大量的资金支持，政府财政投入有限，各种城市建设项目竞争激烈。

（6）技术创新难度大：在市政工程中，技术创新一直是一个难题。传统的市政工程方法和设备已经不能满足日益增长的需求，需要不断进行技术创新和改进，加强科研和技术人才培养，加大科研投入，引进先进技术。

本书以成德线德阳段项目为例，简要介绍市政基础设施类项目前期工作中的难点卡点。本项目涉及占用德阳市旌阳区、广汉市农民集体所有农用地52.350 4公顷(其中耕地43.748 1公顷，含永久基本农田6.913 8公顷)，农民集体所有建设用地3.721 8公顷，集体用地范围广，土地报征手续复杂，协调难度大，受政策因素制约影响，完成时间难以把控；红线用地范围内需拆迁房屋数量多，共涉及院落29院，房屋184栋，厂房14栋，以及坟地、水渠、道路等；高架区间线路长，多次跨越铁路、河流，手续办理周期长、施工难度大、安全风险高，其中共计4处涉铁，线路转体桥需同时跨越宝成铁路和西成高铁，涉铁手续审批时间长，涉铁安全风险高、施工难度大，对铁路营业线运输组织有较大影响，涉及重大涉铁项目时还需上报重大涉铁办评审，审批环节多、流程较长。同时涉及约480条管线需要迁改及保护。其中14趟110 kV及以上输电线路的迁改尤其复杂，需提前开展空管局净空意见征求、环境评价、水土保持论证等相关工作，迁改方案需综合考虑工筹要求及施工成本，争取一次性迁改到位。同时，高压迁改方案报批周期长，需提前启动迁改手续；停电计划要求严格，需上报省级供电公司审核，时间较难把控。

1.3.2 应对措施

站在建设单位角度，为了有效应对市政项目前期工作中的难点，可以采取如下措施：

（1）加强项目可行性研究：在项目立项前，进行深入全面的可行性研究，确保项目决策的科学性和民主性。这包括对项目的市场需求、技术可行性、经济合理性等进行充分论证,避免盲目追求高标准而导致后期效益不达预期。

（2）提高咨询单位的工作质量：选择有经验的咨询单位进行前期工作,确保咨询单位在项目可行性研究、地质勘察、施工设计等方面的工作扎实、细致,避免因工作不扎实而导致设计变更和工程返工。

（3）强化地质勘察的准确性：地质勘察是项目前期工作的重要环节,应确保勘察数据的准确性,避免因地质勘察不准确而导致的工程设计变更和资源浪费。

（4）深化施工设计：施工设计应具有足够的深度和细节,避免边施工边设计或设计粗糙的情况出现,确保施工图纸具备细部尺寸和详图,减少后期设计变更。

（5）加强项目立项审批管理：规范立项审批程序,确保项目的调查评估充分、设计方案经过深入讨论、投资额度决策合理,避免后期多次改变设计方案导致成本增加。

本书主要站在施工总承包的角度,根据成德线德阳段项目管理机构的组成情况,分析介绍通过管理措施解决项目施工方面的前期问题。项目管理单位通过成立征拆领导小组,设置专门的前期协调部,统筹协同对内、对外关系；全力配合和积极协助地方政府、产权单位、建设单位共同推动前期工作的开展；按征拆用地性质细化分解前期工作协调事项,制订与总进度计划相匹配的前期工作详细实施计划与措施,指定协调对接责任人,定期考核；根据项目施工节点要求,每天、每周定期与相关权属单位进行沟通协调,掌握现场施工动态,及时与业主、监理单位反馈和沟通；对全线进行调查,复核前期勘察资料,明确征地拆迁范围和任务,详细提出征地拆迁优化建议并落实优化工作；综合考虑关键线路、关键工序开工条件和时间,制订严谨、详细的征地拆迁计划,并严格按照计划推进,为土建结构的顺利实施创造条件；在整体工作面移交确实存在困难时,积极创造局部开工条件；提前收集两个行政区界的征拆政策,做好对比解读并向征拆对象宣讲清楚,避免因征拆政策的不清楚或错用造成不必要的损失。对重要管线要责任到人并签订责任状,定目标节点倒排迁改施工计划；编制管线保护应急手册,加强对管理人员及工人的培训和交底。

第 2 章 前期工作管理制度

众多大型基础设施项目都设置有总承包管理机构，本章按此管理架构，借助市域（郊）铁路成都至德阳线德阳段工程，旨在更加形象地描述部门管理权责和相应制度。

该项目高架区间先后跨越九高路、北京大道、北京大道互通匝道、洛小路、天府大道北延线、德阳二环路、金山路、华山南路三段、昆仑山路等道路。上跨/下穿铁路共计 4 处，分别为：U 形槽下穿成兰铁路，预制简支梁上跨广岳铁路，以悬臂现浇法转体施工方式上跨宝成铁路和西成高铁。上跨河道 6 处、高压线迁改 14 处（110 kV 的有 12 处、220 kV 的有 2 处）、文物保护（10 余处古墓、遗址）以及集体土地征用（800 余亩）、房屋拆迁（200 余户），集体用地按照现行政策实行"用一还一、耕地指标进出平衡"。地下站点途经闹市，车流量大，交通疏解难度大；涉及铁路等手续办理时的协调对接部门多、难度大、周期长。总体施工前期协调难度大、技术要求高，管理难度较大。轨道交通项目建设是一个多单位、多专业参与的联合协同工作体，项目内部专业性强、各专业接口众多。线路长、体量大、参建人员多、人员结构复杂，同时还涉及中建六局、川交路桥外部参建单位的统筹协调，管理难度大。为顺利开展前期相关工作，特制定此管理制度。

2.1 适用范围

适用于总承包管理机构（指挥部）及下辖各工区施工项目部（以下简称"项目部"）的前期管理工作（见图 2.1）。

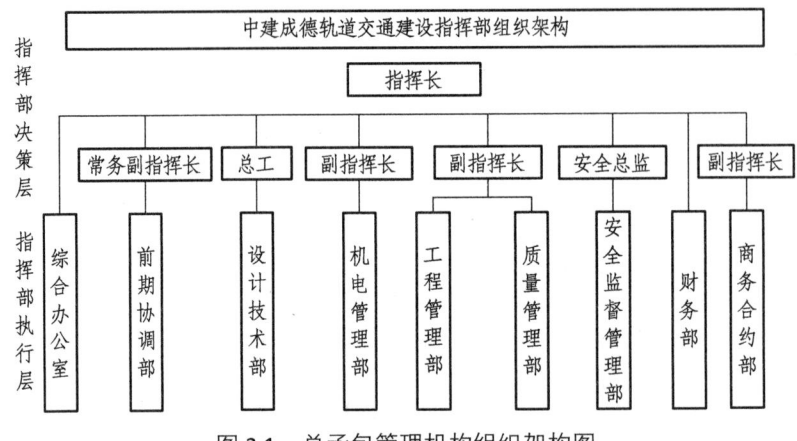

图 2.1　总承包管理机构组织架构图

2.2　各方工作职责

为加强工程项目建设的前期工作管理，指挥部设立前期协调部，负责牵头统筹协调工程项目建设的前期工作，前期工作涉及指挥部多部门的分工与配合，为安全、高效、有序地推进指挥部前期工作，特明确指挥部相关部门前期工作职责。

2.2.1　前期部工作职责

牵头组织工程项目临时用地、征地拆迁、市政及交通安全设施拆除、绿化迁移、管线迁改及保护、交通疏解等工作的对外协调及实施。

负责组织各项目部配合项目业主完成与市、区/镇政府各级主管部门和产权单位的对外沟通协调工作，为各项目部开展工程建设前期工作和正常施工营造良好、和谐的外部施工环境。

负责督促项目部按要求设置由相关班子成员领导的前期协调小组，依据前期工作量及难度配备足够的前期协调小组人员，并组织各项目部前期工作人员的业务学习及培训，并定期和不定期检查和抽查项目部的前期工作开展情况，并对项目部的前期工作进行考核。

参与前期工作统筹方案资料的编制，督促各项目部配合设计单位做好管线调查，督促项目部建立同管线单位的工作对接机制，协调业主督促管线单位提供准确、翔实的地下管线资料。

负责组织编制工程项目前期工作各种报表、年度及月度推进计划、重大事项报告和汇报材料等，及时向指挥部领导、业主职能部门、有关项目和有关部门提供第一手资料。

督促项目部准确提报前期工作各项需求，督促项目部及时编制征地拆迁、管线迁改及保护、交通疏解及绿化迁移等方案并进行审核，核查现场的实施情况，适时根据各项工作的进度优化和调整总体工筹。

督促项目部完成除排水管（含雨水管、污水管、中水管）、乡镇（含用户）管线以外的公共（用）管线迁改的施工配合，包括但不限于：施工统筹、打围、道路破除、沟槽开挖、边坡防护、土石方外运、非保护层回填及道路恢复、采取非开挖工艺的顶管配合（包括顶管管材及施工）。

为进一步提高前期协调工作的开展效率，前期部以主合同及业主、城投公司、指挥部相关文件和管理办法为指导，牵头各项目部及后台公司完成前期协调相关事宜，并以月计划、年度计划的形式对项目部及后台公司进行考核。

2.2.2 工程部工作职责

结合工程现场实际情况对前期重大工作方案进行审核；

协同前期部研究制定各项前期工作任务节点。

2.2.3 安全质量部工作职责

负责督查项目部在开展交通疏解及道路恢复、市政设施拆除及恢复、绿化迁移及恢复、管线迁改、管线保护及恢复等工作时的现场安全、质量及文明施工管理工作。

负责督查临时交通安全设施的保洁等文明施工方面的工作。

负责督查施工现场管线保护安全隐患，并对管线保护工作进行督查指导，牵头组织对涉及管线安全重大危险源的审查工作。

2.2.4 设计技术部工作职责

负责协调明确工程项目规划红线、交通疏解方案、管线综合方案等相关设计图纸的及时出具。

负责协调工点设计单位在设计文件中统筹工程结构方案同管线迁改（保护）方案的相互影响。

负责协调管线综合设计工作等相关工作。

协调前期工作中与业主设计管理工作相关的其他工作事项。

2.2.5 商务管理部工作职责

负责组织合同交底，对合同中前期工作相关的合同条款及概算等项目进行解读。

全程督导各标段管线迁改等据实结算项目的谈判、合同签订、计量等工作，并与业主商务就相关事项进行沟通。

2.2.6 建造单位后台公司前期工作职责

负责完善项目授权，为项目部执行本制度提供支撑。

按照指挥部制定的前期节点目标及相关要求对工区做好过程督导、考核和纠偏等，提供资源调度保障。

2.2.7 工区项目部前期工作职责

各工区项目部进场后的一个月内须设立由班子成员领导的前期协调小组，人数配备必须满足指挥部考核制度要求，由1名熟悉轨道工程施工技术且具有良好的沟通协调能力的人员专职担任前期协调组组长。同时，项目部要指定分管项目前期工作的领导班子。项目部前期部应负责工程项目范围内具体的前期工作事项，并根据工程筹划和节点工期目标，具体实施与项目业主前期工作部、各区县政府属地街道办以及同等级别部门的具体对接协调工作。

工区项目部人员进场后要立即组织学习合同文件、指挥部有关规章制度，明确前期工作任务，熟悉指挥部前期部提供的调查台账格式、内容和要求，将前期工作进展情况及时上报指挥部前期部。

负责编制各车站施工交通疏解方案，一般情况下分为一期（前期工作实施）、二期（主体结构施工）、三期（附属结构施工），各车站可依据现场实际情况进行细分。负责编制征地拆迁平面示意图。负责编制完成各工点管线迁改及保护手册，主要包括所涉及的各种管线迁改/保护的工作流程、现状图、实景图、管线迁改/保护方案等内容，并严格按照审定的管线迁改/保护方案协调组织实施。

根据工期进度，负责分阶段的道路恢复、绿化恢复，在满足场地条件后及时通知产权单位到场，并配合完成相关恢复和移交工作。

制定工点及周边管线隐患排查机制和应急预案，制定工点及周边围挡、交通疏解道路、交通安全设施的巡查机制，每日或定期针对存在重大安全隐患的管线进行排查，必要时预先实施加固处理，对围挡及责任路段进行巡查，发现隐患和问题要及时整改，确保现场施工安全，减少对环境及周边交通的影响。

项目前期工作要根据指挥部下发的相关文件、管理办法进行开展，服从指挥部管理，听从指挥，积极配合。按时上报前期工作日报、周报、月报、月度计划、月度总结、季度计划、季度总结、年度计划、年度总结、具体以指挥部前期部通知要求为准。根据现场施工需要，及时编制上报需尽快协调解决的重大前期问题专题报告及其他临时通知的有关资料。

2.3 前期工作会议制度

根据施工现场的实际进展情况和前期工作的重难点问题，由指挥部前期部组织召开月度专题会议和临时专项会议，协调解决现场存在的前期问题。

月度专题会议由前期部根据前期工作实际进展，每月召开一次，具体时间由前期部的领导商议确定后以书面形式通知，会议内容根据前期工作实际推进情况动态调整。

临时专项会议按征拆用地、管线迁改、交通疏解、涉河涉铁输电线路等重大障碍物的板块划分后进行不定时召开，前期部牵头组织会议，会议内容根据前期工作实际推进情况确定。

参会人员：指挥部领导、各相关部门、各参建工区项目部项目经理、前期负责人。各项目部项目经理、前期负责人因故不能参加会议的，应提前向指挥部前期部请假。月度专题会议及临时专项会议如有其他单位及个人参加的，另行通知。

2.4 奖罚细则

指挥部前期部工作考核细则参照《中建成德轨道交通建设指挥部履约考核管理办法》执行，过程中不定期考核参照附件1的要求执行。

为避免计划久拖不决，前期部将根据指挥部下达的前期工作年度计划、季度计划、月度计划滞后时间，对各项目部卡点下达工作联系单（见附件2）、责任状等进行督办，完成情况将被纳入各工区履约考核结果。计划滞后一个周，向指挥部分管领导汇报，并向项目部下达工作联系单；计划滞后一个月，向指挥部主职领导汇报，并向项目部后台公司下达工作联系单；计划未完成，经指挥部主职领导批准后，向项目部后台公司发函要求相关公司领导驻点督办。

指挥部约谈的相关人员在规定约谈时间内不到位且未说明原因的，按5万/次罚款。未按工作联系单或约谈内容在规定时间内落实的，视工作内容的重要程度给予每项1万元至10万元的罚款。

各项目部在施工过程中造成管线损坏的，根据严重程度，按业主及指挥部相关制度文件规定进行相应处罚。

依据前期工作会议制度，无故缺席前期工作相关会议的，按0.2万元/人/次进行处罚，并进行全线通报批评。

考核等罚款将在计量支付款中扣除，具体参照附件3执行。

附件1

前期工作考核评分表

受检单位		检查单位		检查时间			
序号	检查项目	检查内容与评分标准			标准	扣分	实得
1	组织机构	1. 未配备专职协调经理，扣5分（任命文件）； 2. 专职征拆协调人员（根据现场工作需要，由项目部报指挥部审批同意的人数）每差一人扣2分，扣完为止			10		
2	资料上报情况	1. 未按时间要求上报报表及资料，每次扣2分； 2. 填报质量不符合要求，每次扣2分，相关材料被政府退件、被业主或监理点名通报的，每次扣2分，扣完为止			10		
3	工作计划完成情况	对当期指挥部下达的工作计划，以完成率得出本项基础分（标准得分50分，如完成率为80%，本项得40分）。对于未完成事项，经指挥部前期协调部下达督办计划，如仍未完成，每滞后一天在本项基础分基础上扣1分，扣完为止			50		
4	投诉处理	1. 收到相关单位投诉的，口头投诉扣5分，书面投诉扣10分； 2. 收到相关投诉后未能在规定工作日之内进行确认回复的或处理结果未达到管理部门整改要求的，扣5分			20		
5	对外对接及关系维护	征询业主、政府、产权单位等相关单位的评价后进行考核，考核分为优（9~10分）、良（7~8分）、合格（5~6分）、差（0~4分）			10		
合计分数					100		

检查意见：

检查人员：

检查日期：

附件 2

工作联系单

编号：	
标题	
附件	
主送	
抄报	

联系内容：				
签发单位				
拟稿		核稿		
签发		日期		
签收	单位：	姓名：		日期：
	单位：	姓名：		日期：

附件 3

前期工作处罚（奖励）单

编号：
致：
事由：   编制：＿＿＿＿＿＿＿＿＿＿　　　　　　日期：
审核意见：   前期部：＿＿＿＿＿＿＿＿＿＿　　　　　　日期：
审批意见：   分管领导：＿＿＿＿＿＿＿＿＿＿　　　　　日期：
审批意见：   主管领导意见：＿＿＿＿＿＿＿＿　　　　　日期：
审批意见：   指挥长：＿＿＿＿＿＿＿＿＿＿　　　　　　日期：
抄报： 抄送：

第 3 章 土地报征

土地报征通常是指国家为了公共利益需要，依照法律规定的程序和权限将集体所有的土地转化为国有土地，并依法给予被征地的集体经济组织和被征地合理补偿和妥善安置的法律行为。土地报征责任主体为建设单位及属地政府，因流程较长，涉及部门多，结合市域铁路成都至德阳段工程土地报征情况，报征资料至少提前一年开始准备。

3.1 专业用语

3.1.1 用地预审

自然资源主管部门在建设项目审批、核准、备案阶段，依法对建设项目的土地利用事项进行审查，建设项目批准、核准前或者备案前后，由自然资源主管部门对建设项目用地事项进行审查，提出建设项目用地预审意见。建设项目需要申请核发选址意见书的，应当合并办理建设项目用地预审与选址意见书。

3.1.2 选址意见书

按照国家规定需要有关部门批准或者核准的建设项目，以划拨方式提供国有土地使用权的，建设单位在报送有关部门批准或者核准前，应当向自然资源主管部门申请核发选址意见书。

3.1.3 合并规划选址和用地预审

将建设项目选址意见书、建设项目用地预审意见书合并，自然资源主管部门统一核发建设项目用地预审与选址意见，不再单独核发建设项目选址意见书、建设项目用地预审意见。

3.1.4 建设用地审批

建设项目需要使用土地的,建设单位原则上应当一次性申请办理建设用地审批手续,确需分期建设的项目,可以根据项目可行性研究报告确定的方案分期申请建设用地,分期办理建设用地审批手续,建设工程中用地范围确需调整的,应当依法办理建设用地审批手续。

3.1.5 农用地转用

建设占用土地涉及农用地转为建设用地的,应当办理农用地转用审批手续;永久基本农田转为建设用地的,由国务院批准。除允许有限人为活动之外、确需占用生态保护红线的国家重大项目(即国家级规划)、国务院及有关部门正式颁布明确的交通项目,按规定由自然资源部进行用地预审后,报国务院批准。在土地利用总体规划的城市和村庄、集镇建设用地规模范围内,将永久基本农田以外的农用地转为建设用地的,由国务院或者国务院授权的省、自治区、直辖市人民政府批准。

3.1.6 土地征收

为了公共利益需要,由政府组织实施的交通等基础设施建设需要用地的,确需征收农民集体所有的土地的,可以依法实施征收,由省、自治区、直辖市人民政府批准。以下情况的土地由国务院批准:(1)永久基本农田;(2)永久基本农田以外耕地超过三十五公顷的;(3)其他土地超过七十公顷的。

农用地征收应当先行办理农用地转用审批。其中,经国务院批准农用地转用的,同时办理征地审批手续,不再另行办理征地审批,超过征地批准权限的,应当按规定另行办理征地审批。

3.1.7 生态保护红线

生态保护红线是以重要生态功能区、生态敏感区和生态脆弱区为重点,划定的实施强制性保护的空间边界。

3.1.8 永久基本农田

永久基本农田是指按照一定时期人口和经济社会发展对农产品的需求，依据国土空间规划确定的不能擅自占用或改变用途的耕地。

3.1.9 城镇开发边界

城镇开发边界是指在一定时期内因城镇发展需要，可以集中进行城镇开发建设，重点完善城镇功能的区域边界，涉及城市、建制镇和各类开发区等。

3.1.10 土地分类

国家编制土地利用总体规划并规定了土地用途，具体将土地分为农用地、建设用地和未利用地，严格限制农用地转为建设用地，控制建设用地总量，对耕地实行特殊保护。

农用地是指直接用于农业生产的土地，包括耕地、林地、草地、农田水利用地、养殖水面等。

建设用地是指建造建筑物、构筑物的土地，包括城乡住宅用地、公共设施用地、工矿用地、交通水利设施用地、旅游用地等。

未利用地是指农用地和建设用地以外的土地。

3.1.11 踏勘论证

在预审阶段，确需占用基本农田或占用其他耕地规模较大的建设项目，线性工程占用耕地 100 公顷以上、块状工程 70 公顷以上或占用耕地达到用地总面积 50%以上（不包括水库类项目），省级自然资源部主管部门应组织踏勘论证。

3.1.12 自然保护地

自然保护地是指由各级政府依法划定或确认，对重要自然生态系统、自然遗迹、自然景观及其所承载的自然资源、生态功能和文化价值实施长期保护的陆域或海域。要将生态功能重要、生态环节敏感性脆弱以及其他有必要严格保护的各类自然保护纳入生态保护红线管理范围内。自然保护地包括国家公园、自然保护区及自然公园3种类型。

3.2 用地预审和规划选址主要办理流程

3.2.1 用地预审权限

用地预审权限在自然资源部的，建设单位向地方自然资源主管部门提出用地预审与选址申请，地方自然资源主管部门受理，经省级自然资源主管部门申报自然资源部通过用地预审后，地方自然资源主管部门向建设单位核发建设项目用地预审与选址意见书，如图3.1所示。

用地预审权限在省级以下自然资源主管部门的，由省级自然资源主管部门确定建设项目用地预审与选址意见书办理的层级和权限，如图3.2所示。

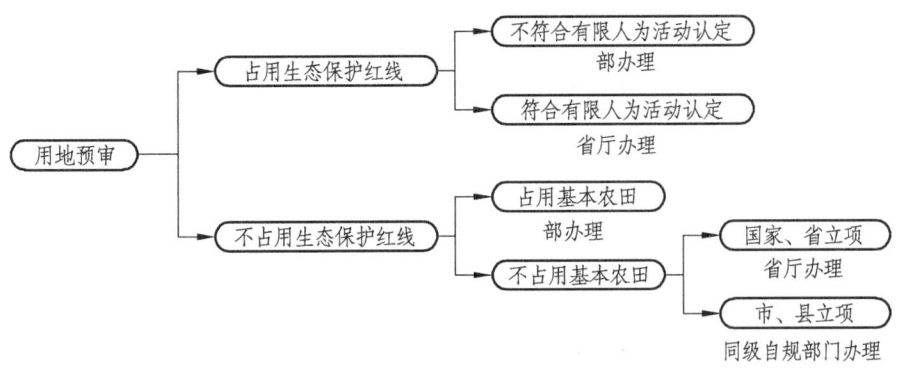

图 3.1 用地预审审批权限图例

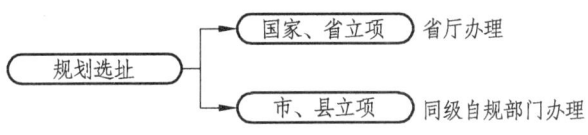

图 3.2 规划选址审批权限图例

3.2.2 用地预审流程

1)不涉及永久基本农田或生态保护红线且符合国土空间规划的项目主要流程如图 3.3 所示。

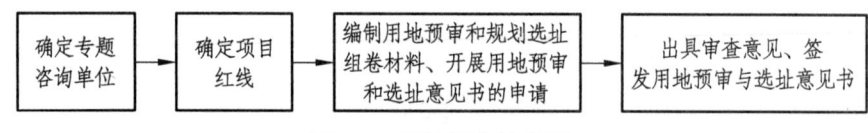

图 3.3　用地预审流程图

（1）确定专题咨询单位。

宜将用地预审、规划选址等土地类专题合并招标，尽早确定专题咨询单位，全面考察咨询单位的业务能力和资格条件，确保选取的咨询单位熟悉土地政策、报批流程。

（2）确定用地报批红线。

用地预审和规划选址工作开展前应先基本确定红线范围，确定时应注意用地红线须符合用地标准和设计规范，做深做细工程方案设计，争取早日固化用地报批红线。

（3）编制用地预审和规划选址组卷材料，开展用地预审与选址意见书的申请工作。组卷材料清单如下：

① 建设项目用地预审与选址意见书办理申请表。

② 申请报告。

③ 市、县初稿意见。

④ 建设项目可行性研究报告。

⑤ 项目建设依据。

⑥ 节约集约用地专章。

⑦ 项目用地红线坐标数据。

⑧ 国土空间规划相关文件。

⑨ 选址意见书附图。

（4）出具审查意见、签发用地预审与选址意见书。

需地方自然资源部门审查的项目，申请单位向地方自然资源部门提交申请，地方自然资源部负责审查工作。待审查工作完成，符合法律法规政策且无须补正的，地方自然资源部审核、审定后，签发用地预审和选址意见书。

需省自然资源厅审查的项目，申请单位向地方自然资源部门提出申请，地方自然资源部门进行初审，初审通过后上报自然资源厅相关处室审查，同时省林业和草原局审核项目占用各级各类自然保护区情况，并出具审查意见。省自然资源厅主办处汇总审查结果后，如需要补正的，窗口通知申报单位按照要求补正，如符合法律法规政策且无须补正的，自然资源厅审核、审定后，签发用地预审和选址意见书。

2）涉及永久基本农田或生态保护红线且符合国土空间规划的项目主要流程如图3.4所示。

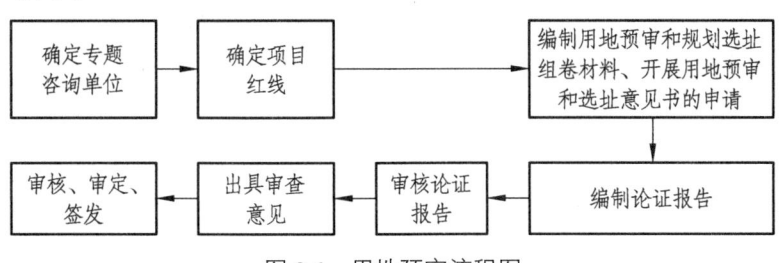

图3.4 用地预审流程图

当涉及永久基本农田时，需根据相关政策要求落实永久基本农田地块补划，以下交通项目符合永久基本农田占地条件：

（1）党中央、国务院明确支持的重大项目。

（2）中央军委及其相关部门批准的军事国防类项目。

（3）纳入国家级规划的机场、铁路、公路、水运、能源、水利项目。

（4）省级公路网规划的省级高速公路项目。

（5）按《关于梳理国家重大项目清单加大建设用地保障力度的通知》要求，列入需中央加大用地保障力度清单的项目。

当不属于以上情况时，不允许占用永久基本农田。

涉及生态保护红线时，审查是否属于"自然资发〔2022〕142号文"中的

"有限人为活动"即在符合法律法规的前提下,线性基础设施仅允许必须且无法避让、符合县级以上国土空间规划的且对生态功能不造成破坏的有限人为活动,并在省上进行审定程序,审定认为不属于上述情况时,应编制生态保护红线不可避让论证报告。

3)编制用地预审和规划选址组卷材料,开展用地预审与选址意见书申请工作的主要流程如图 3.5 所示。

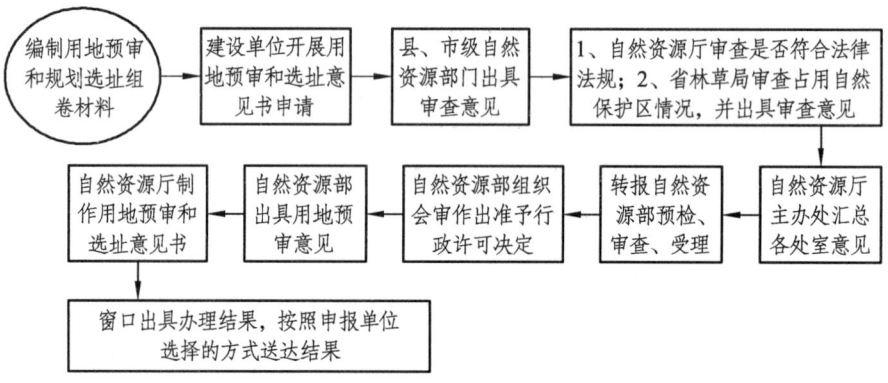

图 3.5　用地预审与选址意见书的申请流程

因涉及永久基本农田或生态保护红线,除初需一般材料外,还需编制占用生态红线不可避让性论证报告、关于自然保护地的材料等,需提供的组件材料清单如下:

① 建设项目用地预审与选址意见书办理申请表。

② 申请报告。

③ 市、县初稿意见。

④ 建设项目可行性研究报告。

⑤ 项目建设依据。

⑥ 节约集约用地专章。

⑦ 选址论证报告。

⑧ 节约评价报告。

⑨ 踏勘论证报告。

⑩ 占用生态保护红线不可避让性论证报告。

3.2.3 编制论证报告

项目为首次预审时，应编制节约集约用地论证分析专章，包含规划选址报告、生态保护红线不可避让论证（涉及生态保护红线）、节地评价（用地指标超过标准时）、占用和补划永久基本农田踏勘论证报告（涉及永久基本农田或占用耕地超总面积50%时）等四项内容。项目为重新预审，可将规划选址报告、生态保护红线不可避让论证（涉及生态保护红线）、节地评价（用地指标超过标准时）、占用和补划永久基本农田踏勘论证报告（涉及永久基本农田或占用耕地超总面积50%时）四项专章合并编制并多轮报告，开展一次性技术论证。

3.2.4 审查论证报告

完成论证报告后，报县级自然资源主管部门初审并出具请示，逐级报请省自然资源厅组织进行论证。建设单位应配合专题单位做好项目实地踏勘和永久基本农田补划地块的实地核实工作，省自然资源厅组织召开规划选址和用地预审论证，并根据部门和专家组意见，进一步对论证报告进行修改完善，经专家组全体专家签字同意后，取得论证意见，建设单位应与用地预审和规划选址专题单位、涉及单位一同参加论证会。通过评审的项目，由参加评审的专家组出具论证意见，涉及多项论证的，需单独出具单项论证意见，涉及耕地踏勘论证或节点评价论证的，需省自然资源厅出具论证审查意见。

3.2.5 出具审查意见

因项目涉及永久基本农田、生态保护红线等，待自然资源厅预审后，须报自然资源部审查，自然资源部审查后，准予的返回自然资源厅继续办理，不准予的将作退件处理。

3.2.6 审核、审定、签发

自然资源厅通过后进行签发并出具办理结果，送达申请单位。

3.3 审批权限

3.3.1 农用地转用审批权限

（1）永久基本农田转为建设用地的，报国务院批准。

（2）对在土地利用总体规划确定的城市和村庄、集镇建设用地规模范围外，将永久基本农田以外的农用地转为建设用地的，国务院授权各省、自治区、直辖市人民政府批准。

（3）涉及未利用地转为建设用地的，由省人民政府批准。省人民政府可以将未利用地转用审批事项授权市（州）、县（市、区）人民政府批准。

（4）占用生态保护红线的，由国务院批准；涉及生态保护红线内有限人为活动的，不影响项目用地审批层级。

3.3.2 土地征收审批权限

征收下列土地时，由国务院批准：

（1）永久基本农田。

（2）永久基本农田以外的耕地超过三十五公顷的。

（3）其他土地超过七十公顷的。

3.4 土地报征主要办理流程

用地报批红线与用地预审红线不一致；林地、压覆矿、临时用地、耕地或建设用地与法定调查监测结果不一致、与卫片监测图斑、违法图斑不一致等情况按以下流程办理。

1. 确定专题咨询单位

宜将勘测定界、用地组卷报批及非农建设痕迹调查等土地类专题合并招标，全面考察咨询单位的业务能力和资格条件，确保选取的咨询单位熟悉土地政策、报批流程。

2. 成立用地报批工作组

用地报批工作复杂，前置专题较多，在征地拆迁法定程序时间方面，征迁协议签订、国有土地收回使用协议签订存在较多不确定性，将导致整个征拆工作耗时较长，建议在征地拆迁工作开展前，以县级行政区为单位，提前成立工作组专班。在当地政府主导下成立由交通运输局、自然资源、生态环保、林草等部门组成的联合工作小组，强化经费保障，明确部门责任，加强部门协调，合力推进项目前期要件处理。

3. 部署用地报批暨征地拆迁工作

市、县人民政府牵头，组织用地报批工作组成员和相关单位，召开用地报批暨征地拆迁工作动员大会，研究解决用地报批存在的难点和问题，落实用地报批相关指标，做好房屋征收拆迁工作。

4. 确定用地报批红线

根据批准的初步设计及施工图，确定项目主体工程用地红线。确定时应注意用地红线须符合用地标准和设计规范。

5. 发布征收预公告

征收土地预公告应当包括征收范围、征收目的、开展土地现状调查安排等内容应通过政府门户网站、村公示栏等方便社会公众知晓的方式进行土地征收预公告，公告时间不少于十个工作日。自征收土地预公告发布之日起，任何单位和个人不得在拟征收范围内抢栽抢建。

6. 土地现状调查和社会稳定性风险评估

土地现状调查应查明土地的位置、权属、地类、面积，有无农村村民住宅，其他地上附着物和青苗等的权属、种类、数量等情况。社会稳定性风险评估应当对征收土地的社会稳定风险状况进行综合研判，确定风险点，提出风险防范措施和处置预案，并形成报告，社会稳定性风险评估是征收土地时参考的重要依据。

7. 方案公告及登记

征地补偿安置方案拟定后，县级以上地方人民政府应当在拟征收土地所在的乡镇和村、村民小组范围内公告，公告时间不少于三十日，征地补偿安置公告应当同时载明办理补偿登记的方式和期限，异议反馈渠道和内容。

8. 征地听证

征收范围内超过二分之一的被征地的农村集体经济组织成员认为征地补偿安置方案不符合法律法规，人民政府应当组织召开听证会，人民政府认为确有必要的，可以组织召开听证会。人民政府应当根据法律法规的规定和听证会情况修改征地补偿安置方案。征地补偿安置方案修改后，人民政府应当按照原途径予以公告，公告时间不少于十日。

9. 确定补偿安置方案

征地补偿安置方案修改后，市、县人民政府应当按照原途径予以公告，公告时间不少于十日。

10. 签订征地补偿安置协议

人民政府应当组织有关部门与拟征收土地的所有权人、使用权人签订征地补偿安置协议，征地补偿安置协议示范文本由省、自治区、直辖市人民政府制定，对个别确实难以达成征收补偿安置协议的，县级以上人民政府应当在申请征收土地时如实说明。

11. 报批

组卷完成后，建设单位便可向市、县自然资源部门提出用地申请，并提交相关文件和材料。县级以上人民政府完成本条例规定的征地前期工作后，方可提出征收土地申请。依照《中华人民共和国土地管理法》第四十六条的规定报有批准权限的人民政府批准。有批准权限的人民政府应当对征收土地的必要性、合理性，是否符合《中华人民共和国土地管理法》第四十五条规定的为了公共利益确需征收土地的情况，确需征收土地的情况以及是否符合法定程序进行审查，报自然资源厅审查及报自然资源部审查的资料基本相同，组卷材料清单包括：

① 人民政府建设用地的请示文件。

② 农用地转用方案。

③ 建设项目用地预审批复文件（用地预审与选址意见书）。

④ 建设项目批准、核准或备案文件。

⑤ 提出用地申请的同级自然资源主管部门的审查报告。

⑥ 市、县自然资源主管部门项目用地合理性说明。

⑦ 社保资金测算表、社保资金预存款进账凭证。

⑧ 国土空间规划资料。

⑨ 占用永久基本农田相关补充材料。

⑩ 生态保护红线材料、自然保护地资料。

⑪ 踏勘论证报告和专家评审意见。

⑫ 经专家组审查通过的地质灾害危险性评估报告和专家审查意见。

⑬ 省政府重大项目用地清单。

⑭ 县级人民政府征收请示文件。

⑮ 国民经济和社会发展规划。

⑯ 其他文件等。

12. 审核

市、县自然资源部门对受理资料齐全、符合要求的申请进行审核，审核通过后，市、县自然资源部门整理报批材料，报市、县政府审核同意。

13. 技术审查

市、县人民政府审核同意后，市、县自然资源部门将材料上传至技术审查系统，自然资源厅用地保障服务专班接受符合报件目录清单文本格式要求的报件，由自然资源厅技术系统专班进行技术服务审查，技术服务审查通过，由专班转入自然资源厅正式系统审查，共计12个审查处室并联审查。

14. 审查意见汇总、上报

用途管制处协调并汇总厅内各处（室、局）审查意见后，对意见齐全、审查通过的报件，上报厅务会进行会审。会审审定通过后，若无涉及需国务院批准的项目，由自然资源厅上报省政府批准用地；若有涉及需国务院批准的项目，则由自然资源厅审查，经省政府同意后上报自然资源部审查。

15. 审查批复

上报自然资源部后五日内，由市、县自然资源部制作电子报件并送至厅用途管制处，用途管制处协调厅信息中心将报件消息传至部网申系统，并将纸质材料原件于行文后30日内，邮寄至自然资源部政务大厅。自然资源部对材料进行审查，未通过的，由系统发补正通知书，补正时间限30天，审查通过后，报国务院审批。国务院对通过自然资源部用地审查的项目进行批复，批复后，自然资源部发布批文，并将相关资料报省政府转批。

16. 缴费、批文

省政府批复用地之后，政务服务窗口通过自然资源业务网向用地申请所在市、县自然资源主管部门发送缴费通知，市、县自然资源主管部门在收到通知的3个工作日内，打印缴款通知书，并于20个工作日内缴清相关费用。缴费完成，政务服务窗口根据缴费凭证和记录印刷正式批文，并通过网络的形式通知用地单位，以邮寄或现场领取的方式领取批文。

17. 征收土地公告

征收土地申请依法得到批准后，县级以上人民政府应当自收到批准文件之日起15个工作日内，在拟定征收土地所在乡镇和村民小组范围内发布征收土地公告，公告征地范围、征收时间等具体工作安排。对个别未达成征地补偿安置协议的，应当作出征地补偿安置决定，并依法组织实施。

涉及用地报批红线与用地预审红线不一致，林地、压覆矿、临时用地、耕地或建设用地与法定调查监测结果不一致，与卫片监测图斑、违法图斑不一致，信访时间等情况，需在确定用地报批红线之后，发布征收启动公告之前，编制相应的情况说明。如：涉及违法用地问题的，需提供违法用地说明材料；涉及信访问题的，需提供信访事项说明等，并将取得的相应材料纳入用地报批专卷材料的编制内容中。

土地报征流程图如图 3.6 所示。

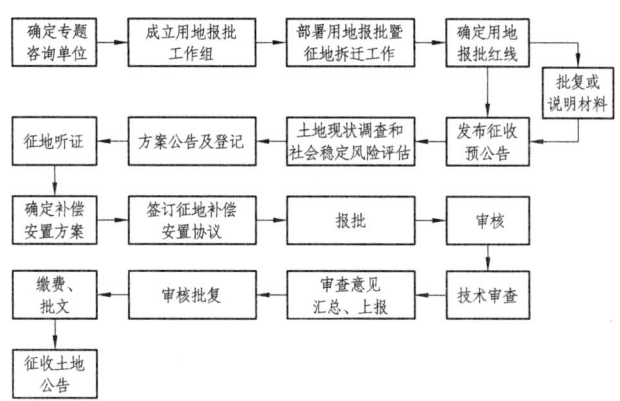

图 3.6　土地报征流程图

3.5　工作建议

鉴于土地报征流程多、审批时间长的特点，结合市域铁路成都至德阳段工程的土地报征进展，建议项目做好以下工作：

（1）对全线进行详细调查，复核前期勘察资料，明确征地范围和任务，详细提出优化建议并落实优化工作。

（2）成立专项领导小组，指定专人跟踪土地报征进展，定期召开专题推进会，遇卡点时及时上报领导小组启动对应措施。

（3）省自然资源厅内部审查部门多，审查严格，特别是对违法用地及占用生态保护红线的处理，应收集省林草局及省环保局意见，因此各项资料的准备及公文流转处理长达数月，项目应重点关注省自然资源厅的审查进度。

（4）综合评判土地报征流程时间，避免过早进场，控制项目管理成本，并做好工期延误和索赔资料的收集及策划。

第4章 房屋征收

房屋征收指的是行政机关或法定授权的组织基于公共利益的需求，以行政权取得国有土地上单位、个人的房屋，并对房屋所有权人给予公平补偿。房屋征收由属地政府负责，项目部做好拆迁过程跟踪，确保场地及时移交。

4.1 房屋征收流程

根据《国有土地上房屋征收与补偿条例》有关要求，房屋征收流程主要分为前期工作阶段、征收决策阶段、征收实施阶段、征收后续阶段四个环节。

4.1.1 前期工作阶段流程

1. 审查征收项目、确定征收范围

征补办收到需要征收房屋的单位提出的申请后，于7个工作日内审查，审查通过后，在确定的征收范围内发布《拟征收公告》（公告一）。

2. 房屋调查摸底

对拟征收范围内房屋的权属、区位、用途、新旧程度、建筑面积等情况进行调查摸底登记，对未经登记的建筑进行调查、认定和处理，并公布调查结果。

3. 暂停办理相关手续

书面通知土地、规划、住建、房管、工商、税务等有关部门暂停相关手续的办理，并在征收范围内公布（暂停期限最长不得超过1年）。

4.1.2 征收决定阶段流程

1. 拟定征收补偿方案，征求公众意见

拟定征收补偿方案后报区政府发布《征收补偿方案征求意见公告》（公告二），征求公众意见，征求意见期限不得少于30日。征求意见期满后，将征求意见情况和修改情况进行公布（公告三）。

2. 听证（非必经程序）

因旧城区改建需要征收房屋，超过50%的被征收人对征收补偿方案有异议的，应当组织由被征收人和公众代表参加的听证会，并根据听证会情况修改征收补偿方案。

3. 社会稳定风险评估

区政府作出房屋征收决定前，房屋征收部门会同有关部门对征收项目的合法性、合理性、可行性、可控性等进行论证和评估，提出处理意见和建议，出具社会稳定风险评估报告。

4. 补偿资金保障

房屋征收部门根据调查情况和征补方案编制资金预算，并会同有关部门落实征收补偿费用。

5. 安置房源保障

组织新建或购买房屋，确保征收产权调换安置房源的落实。

6. 作出征收决定，发布《征收决定公告》（公告四）

区人民政府根据相关规划和计划、房屋调查登记、征收补偿方案征求意见和社会稳定风险评估情况，作出征收决定。市城市规划范围内被征收人户数在300户以上或者被征收房屋建筑面积在1万平方米以上的，应当经政府常务会议讨论决定。

4.1.3 征收实施阶段流程

1. 选择评估机构

房屋征收部门通知被征收人在征收决定公布后 7 日内协商选定房地产估价机构，协商不成的抽签确定。

2. 开展评估、公示评估结果

房地产价格评估机构依据《国有土地上房屋征收评估办法》开展评估工作。房屋征收部门应当将分户的初步评估结果向被征收人转交并公示。

3. 签订补偿协议

在评估结果公示期满后，在房屋征收公告和征收补偿方案确定的签约期限内，由房屋征收部门与被征收人就补偿方式、补偿金额和支付期限、用于产权调换房屋的地点和面积、搬迁费、临时安置费、停产停业损失、搬迁期限、过渡方式和过渡期限等事项，签订补偿协议。被征收人选择产权调换的，还要计算、结清差价。签订房屋征收补偿协议后，被征收人应当将被征收房屋的房地产权证（国有土地使用权证、房屋所有权证）等权属证明一并交回，有关部门应当及时办理注销登记手续。

4. 实施补偿

与被征收人签订征收补偿协议后，征补办或具体实施单位要根据征收补偿协议规定的时限和金额向被征收人支付征收补偿款；选择产权调换的，要根据协议规定向被征收人交付房屋，办理相关手续。

4.1.4 征收后续阶段流程

1. 作出补偿决定

与被征收人在征收补偿方案确定的签约期限内达不成补偿协议或被征收房屋所有权人不明确的，由房屋征收部门报请区人民政府，按照征收补偿方案作出补偿决定，并在房屋征收范围内予以公告。

2. 申请强制执行

被征收人在法定期限内不申请行政复议或者不提起行政诉讼,在补偿决定规定期限内又不搬迁的,由作出房屋征收决定的人民政府依法申请人民法院强制执行。

3. 建立征收档案

房屋征收部门应当依法建立房屋征收补偿档案。

4. 公布补偿情况

房屋征收部门应将分户补偿情况在房屋征收范围内向被征收人公布。

5. 拆除征收房屋

由具有相应资质的建筑施工企业承担。

6. 注销"两证"

房屋征收部门应当在房屋拆除后到有关部门办理被征收房屋"两证"的注销手续。

4.2 工作建议

结合市域铁路成都至德阳段工程的房屋拆迁工作开展情况,建议项目做好以下工作:

(1)成立征拆领导小组,对接市交通局、自规局和属地政府,全力配合业主及属地政府完成征拆协调工作。

(2)综合考虑关键线路、关键工序的开工条件和开工时间,制订严谨、详细的征地拆迁计划,并严格按照计划推进,为全线土建施工创造条件;整体工作面移交确实存在困难时,要积极创造局部开工条件。

(3)按征拆用地性质细化分解前期工作协调事项,制订与总进度计划相匹配的前期工作详细实施计划与措施,指定协调对接责任人,定期考核。

S11线车辆段房屋征拆图如图4.1所示。

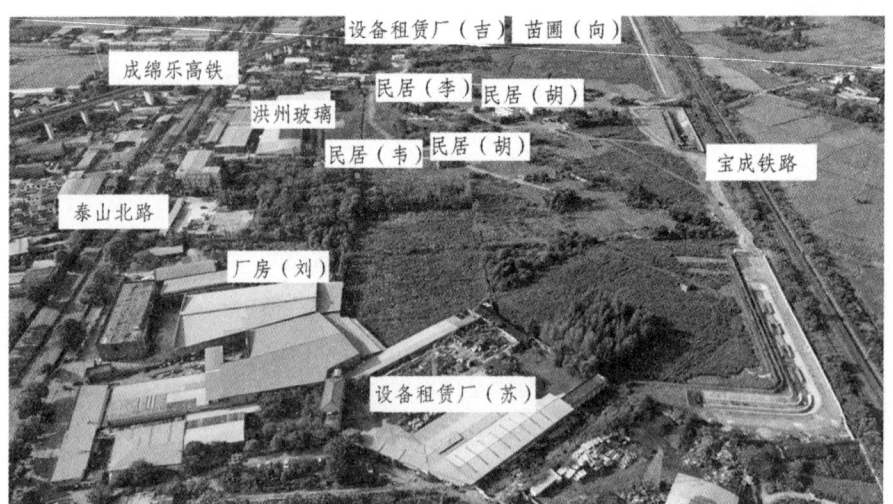

图 4.1　S11 线车辆段房屋征拆图

第 5 章 临时用地

临时用地是指建设项目施工、地质勘查等临时使用，不修建永久性建（构）筑物，使用后可恢复的土地。临时用地具有临时性和可恢复性等特点，与建设项目施工、地质勘查等无关的用地，使用后无法恢复到原地类或者复垦达不到可供利用状态的用地，不得使用临时用地。临时用地的范围包括：临时办公、生活用房及工棚等使用的土地；直接服务于工程施工的项目自用辅助工程，如农用地表土剥离堆放场、材料堆场、制梁场、拌合站、钢筋加工厂、施工便道、运输便道、地上线路架设、地下管线敷设作业，以及能源、交通、水利等基础设施项目的取土场、弃土（渣）场等使用的土地。临时用地手续办理一般由项目负责。

5.1 临时用地相关要求

根据《中华人民共和国土地管理法实施条例》第二十条规定，临时用地由县级以上人民政府自然资源主管部门批准，期限一般不超过两年，建设周期较长的能源、交通、水利等基础设施建设使用的临时用地，期限不超过四年，法律、行政法规另有规定的除外。土地使用者应当自临时用地期满之日起一年内完成土地复垦，使其达到可供利用状态。

5.1.1 梁场及便道用地

梁场的选址需根据工期、产能、安全等方面的相关要求确定，同时兼顾地方政府关于土地政策要求，尽量遵循"优先利用国有土地，严格控制占用耕地，不占基本农田"的原则。同时为了运输安全和少占用土地,梁场选址需最大可能地靠近线路布置,运距越远,运输风险及运输成本越高。以市域铁路成都至德阳段工程 4、5 工区梁场选址经历为例,选址历经约 3 个月,过程中与属地主管部门共调查 14 处比选方案,最终报市政府上会确定梁场选址位置(见图 5.1)。

图 5.1　工区梁场位置图

便道用地尽量利用既有道路,尽量少占耕地及基本农田(见图 5.2)。以市域铁路成都至德阳段工程办理便道用地手续经历为例,因临时用地面积较大,经市交通局、自然资源局及属地乡镇多次召开讨论会确定最终方案,最后报市领导同意后按流程办理用地手续,前后历经 3 个月。

图 5.2　便道平面布置图

5.1.2 审批权限

不占用耕地和永久基本农田的临时用地由各市、县自然资源主管部门负责审批；占用一般耕地的临时用地，按行政区由各市、县自然资源主管部门、分局负责初审，初审合格后报市自然资源局审批（单个批次面积在10公顷以下）；占用永久基本农田的临时用地须编制踏勘论证报告，按行政区由各市、县自然资源主管部门、分局负责对踏勘论证报告进行初审，初审合格后报市自然资源局组织专家评审。评审通过后，由各区市、县自然资源主管部门、分局初审临时用地申请资料，初审合格后报市自然资源局审批（单个批次面积在10公顷以下）。

5.1.3 申请资料

（1）市、县自然资源主管部门关于临时用地的请示。

（2）各县市区局关于临时用地的初审意见。

（3）临时用地申请表。包括用地位置、地类、面积、临时用地用途等内容。

（4）临时使用土地合同。临时用地申请单位根据土地权属，与农村集体经济组织、村民委员会签订临时使用土地合同，明确临时用地的地点、四周范围、面积和现状地类，以及临时使用土地的用途、使用期限、土地复垦标准、补偿费用和支付方式与期限、违约责任等。

（5）项目建设依据文件。建设项目施工需临时使用土地的，应提供项目审批部门的用地预审（用地预审和选址意见书）、立项（审批、核准、备案）文件；地质勘查需临时使用土地的，应提供相关证明材料。

（6）占用土地权属材料。

（7）土地复垦方案报告。临时用地申请单位应当按要求编制临时用地土地复垦方案（含土地复垦方案报告表）。其中，所申请使用的临时用地位于项目建设用地报批时已批准土地复垦方案范围内的，不再重复编制土地复垦方案报告表。

（8）耕作层剥离利用实施方案。

（9）踏勘论证报告。占用永久基本农田时提供。

（10）勘测定界材料。勘测定界报告及标注临时用地范围的勘测定界图，同时，应提供临时用地功能分区图（须套合最新年度变更调查图，并注明临时用地各区域用途）。

（11）土地利用现状图。要求三调成果为基础数据，使用最新的年度变更调查成果。

（12）临时用地界线。

（13）临时使用林地许可。占用林地时提供。

（14）市交通局、市水利局等行业主管部门同意办理临时用地的意见。涉及交通、水利等基础设施项目建设需临时使用土地时提供。

（15）地质灾害危险性评估。位于地质灾害易发区时提供。

（16）用地规划许可手续。

（17）其他必要的材料。

5.1.4 临时用地复垦

临时用地期满后，应当拆除临时建（构）筑物，各区（市、县）自然资源主管部门、分局会同本级农业农村主管部门等相关部门对临时用地的复垦进行验收，并出具验收意见，使用耕地的，复垦为耕地，确保耕地面积不减少、质量不降低。验收不合格的，责令使用者限期进行整改，逾期未整改或经整改仍不合格的，由各区（市、县）自然资源主管部门、分局使用预存的土地复垦费代为组织复垦。

5.2 临时用地办理流程

（1）不占用耕地和永久基本农田的临时用地由各市、县自然资源主管部门明确办理流程。

（2）涉及占用耕地的临时用地按如图 5.3 所示的流程办理：

① 临时用地申请。临时用地申请单位向项目所在地自然资源主管部门提出

临时用地申请。

② 县级初审。各市、县自然资源主管部门、分局会同本级农业农村主管部门组织专家对临时用地土地复垦方案和耕作层剥离方案进行评审并取得专家评审意见；负责对临时用地申请资料进行审查并出具初审意见。初审通过的，由各区市、县自然资源主管部门、分局提出书面请示，连同相关资料一并报市自然资源局审批。

③ 市级审查。市自然资源局负责对各市、县自然资源主管部门、分局上报的临时用地相关资料进行审查，审查合格后按程序上报局领导审签。

④ 预存复垦费用。临时用地资料通过审查后，临时用地申请单位须按照土地复垦方案规划设计概算金额，根据相关规定，向项目所在地区（市、县）自然资源主管部门、分局设立的共管账户中足额预存土地复垦费，预存凭证须经区、市、县自然资源主管部门、分局确认。

⑤ 临时用地的批复。市、县自然资源主管部门、分局凭确认后的土地复垦费用预存票据到市自然资源局领取临时用地批复文件。

图 5.3　耕地临时用地办理流程图

（3）涉及占用永久基本农田的临时用地按如图 5.4 所示的流程办理：

① 临时用地申请。临时用地申请单位向项目所在地自然资源主管部门提出临时用地申请。

② 踏勘论证报告评审。各区（市、县）自然资源主管部门、分局负责对踏勘论证报告进行初审，初审通过后出具初步意见并提交至市自然资源局，由市自然资源局会同市农业农村局组织专家进行评审并取得专家评审意见。

③ 县级初审。临时用地踏勘论证报告通过专家评审的，临时用地申请单位再行编制临时用地土地复垦方案、耕作层剥离方案及临时用地申请资料。各区（市、县）自然资源主管部门、分局会同本级农业农村主管部门组织专家对临时

用地土地复垦方案和耕作层剥离方案进行评审并取得专家评审意见；负责对临时用地申请资料进行初审并出具初审意见。初审通过的，由各区（市、县）自然资源主管部门、分局提出书面请示，连同相关资料一并报市级自然资源主管部门审批。踏勘论证报告初步意见须有区（市、县）自然资源主管部门、分局主要负责人同意上报的签章。

④ 市级审查。市自然资源局负责对各（市、县）自然资源主管部门、分局上报的临时用地相关资料进行审查，审查合格后按程序上报局领导审签。

⑤ 预存复垦费用。临时用地资料通过审查后，临时用地申请单位按照土地复垦方案规划设计概算金额，根据相关规定，向项目所在地区（市、县）自然资源主管部门、分局设立的共管账户中足额预存土地复垦费，预存凭证须经区（市、县）自然资源主管部门、分局确认。

⑥ 临时用地的批复。区（市、县）自然资源主管部门、分局凭确认后的土地复垦费用预存票据到市自然资源局领取临时用地批复文件。

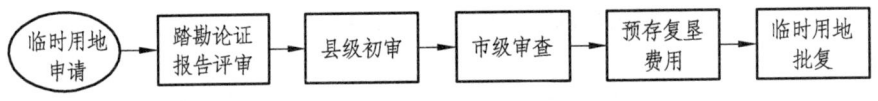

图 5.4　基本农田临时用地办理流程图

5.3　工作建议

临时用地办理过程中，涉及村镇签订用地协议及相关方案的编制及论证的，耗时相对较长，整个流程一般为 2 到 3 个月，但也受当地耕地指标是否充足等因素影响，可能导致本年度内无法办理临时用地手续。结合市域铁路成都至德阳段工程临时用地办理进展，建议项目做好以下工作：

（1）提前向当地自然资源局了解临时用地政策，摸清手续办理流程及明确工作思路。

（2）涉及占用耕地及基本农田的临时用地，其资料专业性较强，一般由自然资源局推荐协助单位，配合项目完成相关资料组卷及报审工作，能有效节省流程时间。

（3）梁场的选址及便道方案需提前与属地交通局及自然资源局沟通，特别是梁场、拌合站及钢筋加工场的选址，尽量利用国有土地进行建设，少占耕地。占用耕地较多的选址方案需上报市政府相关领导决议。

（4）临时用地需缴纳复垦保证金及耕地占用税，各属地标准略有不同，以四川省广汉市为例，临时用地复垦保证金及耕地占用税合计约6万/亩，项目需提前准备资金。

第6章 交通疏解

6.1 交通疏解工作的基本原则

在满足地铁各项工程建设需求的前提下，尽量将施工给城市交通带来的影响降到最小。一般情况下，优先满足工程建设需求，对交通影响特别巨大的点位，还需要优先考虑交通。

6.2 交通疏解思路

（1）根据政府相关文件的要求开展交通疏解工作，以"占一还一""尽量少占""交通通行顺畅"为基本原则进行交通疏解方案的优化，加强交通管理，提高运行效率。

（2）与站点土建施工计划保持"一致性"，以利于项目建设为目标，结合分期施工方案进行分期疏解。

（3）充分挖掘现有道路周边资源，合理利用市政范围内绿化带、防撞墩及两侧自行车用地，开辟临时道路，最大限度保障正常交通。

（4）充分考虑现场施工空间，避开重要市政设施（后期恢复成本高、难度大）。对于具备封闭道路打围条件的点位，协调政府及相关单位采取一次性封闭打围，避免多次导边施工，影响现场施工进度及增加各项工程费用支出。

（5）交通疏解方案需同步考虑后期打围范围内的管线迁改，具备迁改条件的管线，同步迁改至交通疏解道路下方，避免因后期管线迁改对交通疏解道路进行再次破除。

（6）提前调查施工范围内道路的交通量并编制交通导行方案，主动加强与相关单位的沟通，并汇报能保障交通通行的措施。

6.3 工作流程

主要涉及前四个步骤：

第一步：建设单位内部审批。

第二步：办理市建委开工统筹。

第三步：根据市建委开工统筹核准通知单向市交管局申报《道路接口、建筑开口、挖掘占用道路申请表》。

第四步：根据市建委开工统筹核准通知单和交管局的相关批复，向市城管局上报《挖掘或占用城市道路申请书》。

第五步：应急抢险程序。

第六步：开工统筹延期申请。

第七步：免于统筹规定。

6.3.1 内部审批流程

（1）项目编制承包商申报表向业主申报占道打围及交通疏解方案。详见表6.1的"承包商申报表"。

（2）业主对占道打围和交通疏解方案进行初步审查，确定打围范围大小是否合理，是否满足工程建设需要。

（3）综合考虑占道打围和交通疏解方案对周边交通影响的大小和方案实施的难易程度等情况，业主组织召开占道打围、交通疏解方案审查会，共同研究制定具体实施方案。

表 6.1　承包商申报表

工程名称		合同号	
地铁里程		监理单位	
致： 事由： 报告内容： 1. 某站二期施工围挡及交通疏解的需求报告。 　　　　　　　　　　　承包商负责人：　　　　日期：			
承包商意见： 　　　　　　　　　　　（签名）：　　　　　　日期：			
监理单位意见： 驻地监理工程师（签名）　　总监工程师（签名）·　　日期：			
业主意见： 　　　　　　　　　　　（签名）：　　　　　　日期：			

6.3.2 办理市建委开工统筹

6.3.2.1 开工统筹申请

1. 提出开工统筹及占道施工申请

施工单位通过"建设领域市场主体及从业人员信用管理系统"（以下简称信用管理系统），进行网络录入，生成并打印"中心城区占道施工及建设工程项目开工统筹网络申请表"。

2. 报送相关证明文件和资料

施工单位提出开工统筹及占道施工申请后，须向市建设行政主管部门报送以下证明文件和资料：

（1）中心城区占道施工及建设工程项目开工统筹网络申请表。

（2）施工组织设计（其中占道施工打围方案需提交占道、挖掘平面布置图，准确标注项目具体位置，或以周边固定参照物确定围挡的相对位置和范围、围挡内各区域的用途说明，周边路网、人行道、车行道分部情况，占道时间等信息）。

（3）交通疏解组织方案（重大市政基础设施项目和轨道交通项目需由有资质的单位编制、断道施工项目需提交周边道路疏解情况报告）。

（4）项目建设依据。

6.3.2.2 获取开工统筹核准通知书

市建设行政主管部门牵头，会同市公安交管部门、市城管部门，根据"中心城区占道施工及建设工程项目开工统筹网络申请表"及相关的证明文件和资料，以"科学制定施工组织方案""精准编制交通疏解方案""强力推进绿色环保施工"为审核标准，对项目占道的必要性、合理性及开工时序、占道范围等内容进行审查，并在7个工作日内办结开工统筹核准。施工单位通过信用管理系统打印获取具有全市统一编码的"中心城区占道施工及建设工程项目开工统筹管理核准通知单"。

对于不具备办理条件、不符合办理要求的申请，应在5个工作日内退件处理，并说明退件原因。

《中心城区占道施工及建设工程项目开工统筹管理核准通知单》网络申报流程如图 6-1 所示。

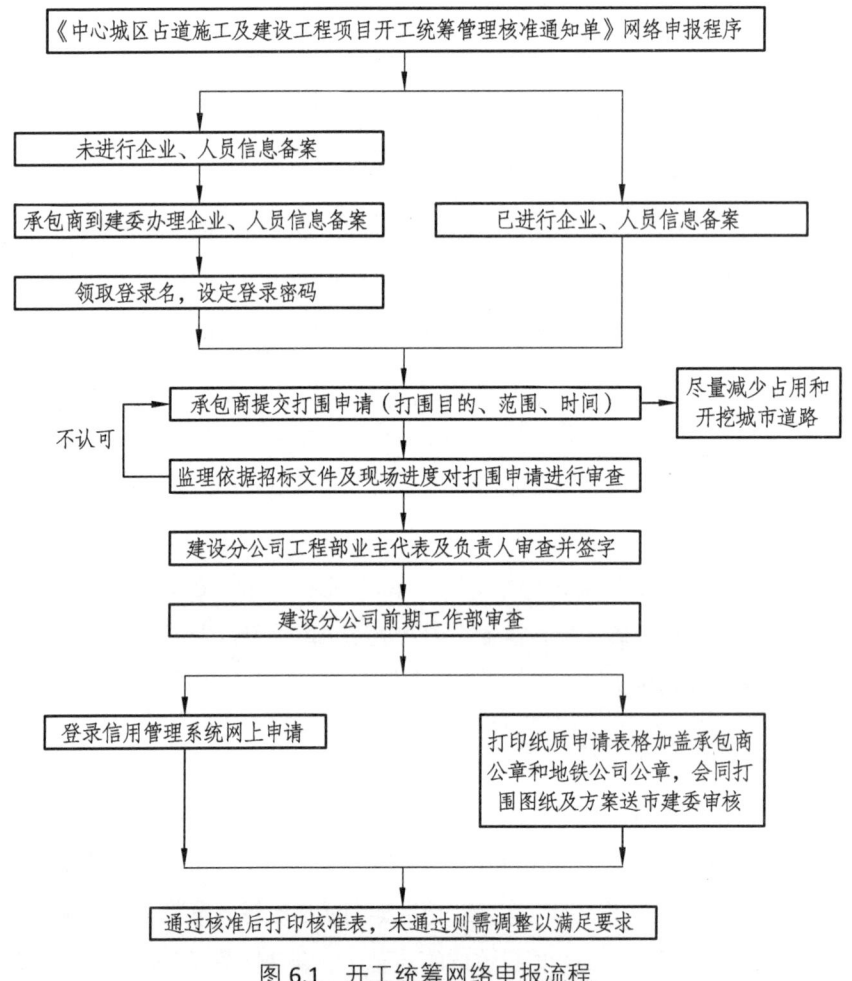

图 6.1　开工统筹网络申报流程

6.3.3 办理交管挖掘占道手续

1. 所需资料

（1）开工统筹核准通知单。

（2）道路接口、建筑开口、挖掘占用道路审批表。

（3）四张图。

（4）延期说明。

2. 四张图内容及要求

（1）具体要求。

① 线条规定：道路红线 0.3 mm 红色、车站结构 0.3 mm 洋红色、周边建筑物 0.15 mm 黑色、人行道边缘线 0.15 mm 黑色、围挡线 0.3 mm 蓝色（不再填充），其余线条及颜色以美观为主，管线分布图以管综图设计图层样式为准。

② 承包商申报表的四张图采用 A3 彩色打印；报交管局窗口的四张图均采用 A2 彩色打印，车站长度大于 360 m 的采用 A2 横幅加长 1/2。

③ 对于重要站点，到市交管局汇报时需准备 PPT 资料，并将以上四张图打印成彩色 A1。

④ 市交管局到现场研究指导时，将以上四张图打印成彩色 A1。

（2）具体内容。

① 第一张图：车站结构平面图[a.图中标明车站结构与周边道路、建筑物（注明名称）、围墙位置关系；b.标明道路红线、人行道，注明现状道路、人行道、绿化带宽度；c.简要介绍车站概况，车站结构长度、宽度]。

② 第二张图：占道平面图（a.本期打围的范围、长度、宽度、面积；b.打围后周边道路剩余的宽度；c.注明本期打围的施工内容、工期，施工内容要详细，如北侧 80 根围护桩施工、土方开挖、DN400 自来水迁改、DN1200 污水管迁改）。

③ 第三张图：交通疏解图（a.注明机动车道、非机动车道、人行道布置情况，标明宽度；b.图中体现标线，指示、限速、诱导标牌的设置；c.由专业临时

交安单位绘制)。

④ 第四张图：管线分布图（a.注明本阶段围挡内每根管线迁改情况，不能直接套用管综图；b.图中体现管线与围挡的平面、距离关系；c.本图主要用于申报占道手续时管线迁改的统筹审查）。

3. 具体流程

交管挖掘占道手续办理流程如图 6.2 所示。

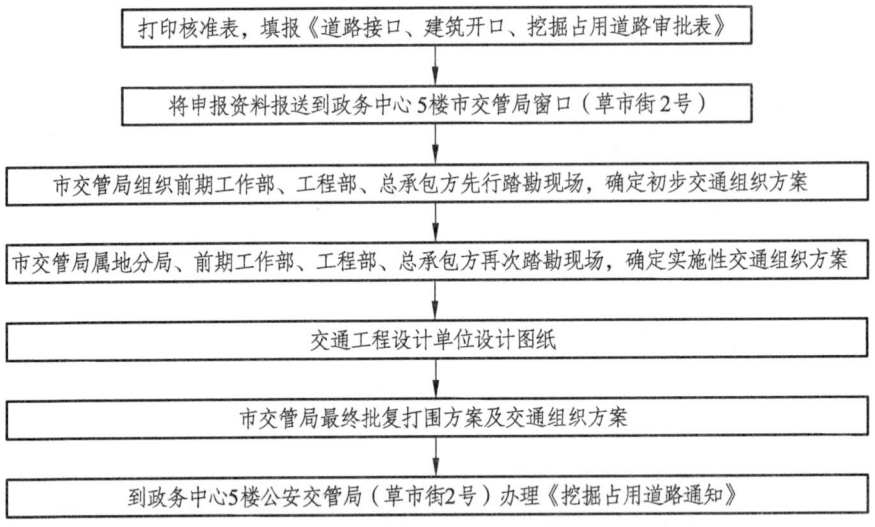

图 6.2 交管挖掘占道手续办理流程

6.3.4 办理城管挖掘占道手续

1. 所需资料

（1）开工统筹核准通知单。

（2）公安局交通管理局《挖掘占用道路通知》。

（3）占道平面图。

（4）占道打围施工方案。

（5）道路移交表。

（6）行政许可承诺书或安全文明施工承诺书。

(7)其他相关资料。

2. 具体流程

城管挖掘占道手续办理流程如图 6.3 所示。

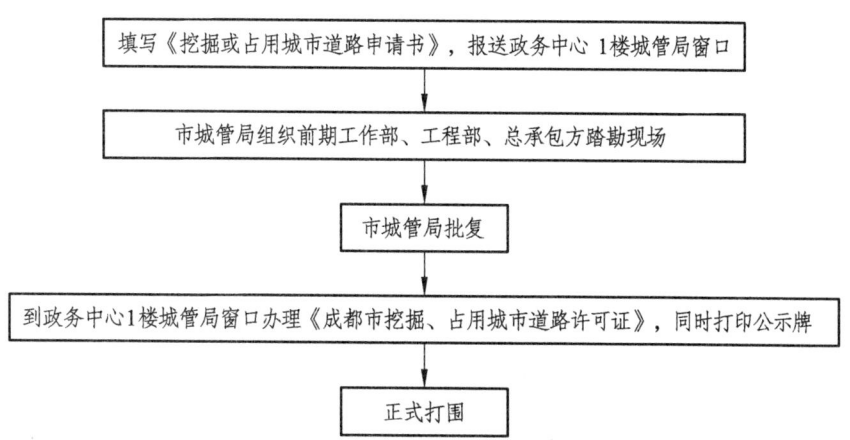

图 6.3 城管挖掘占道手续办理流程

6.3.5 应急抢险程序

(1)占用(挖掘)城市道路进行应急抢险,抢险单位应先行抢险施工,同时需做好临时占道打围和交通警示工作,及时向市城管部门、市公安交管部门进行报告,报告信息包括文字、图片、地理信息等。

(2)抢险、抢修单位应在抢险、抢修完毕后的 24 h 内补办手续,将已签字盖章的"应急抢修挖掘城市道路备案表"分别报送至市建设行政主管部门、市城管部门、市公安交管部门存档备案。

6.3.6 开工统筹延期申请

因不可抗力或经批准的重大工程变更等导致施工组织设计(施工方案)调整等原因造成不能按照统筹核准期限完工的项目,施工单位须在统筹核准完工期限届满前 10 个工作日内,将调整方案及相关情况说明报送市建设行政主管部门组织审核,按初次申报程序办理统筹延期手续。

6.3.7 免于统筹规定

（1）下列工程项目直接由市城管部门办理占道（挖掘）许可，在市公安交管部门备案：

① 仅占用（挖掘）人行道且占道（挖掘）后人行道宽度不小于1.5 m的项目。

② 由市政设施管理单位自行组织实施的，且施工仅在夜间进行，又能保证道路双向通行，白天能放开交通的日常维护项目。

（2）下列工程项目简化占道统筹程序，须提供市公安交管部门意见，由市城管部门办理占道（挖掘）许可。

① 仅占用（挖掘）人行道且占道（挖掘）后人行道宽度小于1.5 m的项目。

② 占用（挖掘）城市支路，且能保证道路双向通行的项目。

③ 除轨道交通项目和重大城建项目外的占道许可（不含挖掘）需要办理延期的。

④ 占道、挖掘施工仅在夜间进行，又能保证双向通行，白天能够完全放开正常交通的项目。

6.4 轨道交通占道打围范围管理

（1）轨道交通项目占道施工原则上按照"动态打围、占一还一"执行。

（2）轨道交通建设的轨排井、轨排基地选址、占道打围范围（时间）需由市行政主管部门会同市城管部门、市公安交管部门综合拟建路段的人流、业态、交通等因素研究确定。

（3）地铁车站与城市道路平行方向，临车行道侧，占道打围与护壁桩边线之间的距离应≤2 m（含安全防护设施），另一侧在能充分满足行人和机动车通行的条件下，可尽量按便于施工作业的要求设置。

（4）地铁车站端头占道打围与护壁桩边线之间的距离应≤50 m，且占道打围不得影响道路交叉口。

（5）出入口、风亭、冷却塔与城市道路平行方向，占道打围与结构边线之间的距离应≤2 m（含安全防护设施）。

（6）出入口、风亭、冷却塔与城市道路垂直方向，占道打围与结构边线之间的距离应≤20 m，且占道打围不得影响道路交叉口。

（7）出入口装饰装修与城市道路平行方向，占道打围与出入口地面铺装边线之间的距离应≤1.5 m；与城市道路垂直方向，占道打围与出入口地面铺装边线之间的距离应≤5 m。

（8）暗挖工作井、盾构始发井（到达井）、轨排井，原则上不得在中心城区快速路网、中心城区市级主干路网上设置。与城市道路平行方向，占道打围与井口边线之间的距离应≤2 m（含安全防护设施）；与城市道路垂直方向，占道打围与井口边线之间的距离可尽量按便于施工作业的要求设置。但占道打围不得影响道路交叉口。

（9）轨道交通高架桥（高架段）下部基础施工占道打围与主体结构投影边线之间一侧距离应≤2 m，另一侧在能充分满足行人和机动车通行的前提下，可尽量按便于施工作业的要求设置。

6.5 交通疏解方案

6.5.1 编制依据

6.5.1.1 编制说明

本方案编制的目的是为市域（郊）铁路成都至德阳线工程各站点施工过程中的交通疏解实施提供完整的纲领性技术文件，用以指导现场的施工和管理，确保优质、高速、安全、文明地完成建设任务，保证工程工期目标的顺利实现，满足施工期间的占道需求，最大限度地保证市政交通通畅。

6.5.1.2 编制依据

表 6.2 编制依据

序号	编制依据
1	《道路交通标志和标线 第1部分：总则》（GB 5768.1—2022）
2	《道路交通标志和标线 第2部分：道路交通标志》（GB 5768.2—2022）
3	《道路交通标志和标线 第3部分：道路交通标线》（GB 5768.3—2022）
4	《道路交通标志和标线 第4部分：作业区》（GB 5768.4—2022）
5	《道路交通标志和标线 第5部分：限制速度》（GB 5768.5—2022）
6	《道路交通标志和标线 第7部分：非机动车和行人》（GB 5768.7—2022）
7	《城市道路施工作业交通组织规范》（GA/T 900—2010）
8	轨道建设公司关于进一步规范轨道交通建设工程道路疏解、施工打围及微环境治理实施标准的通知（成轨建管发〔2020〕170号）
9	市域（郊）铁路成都至德阳线工程德阳标段勘察报告
10	市域（郊）铁路成都至德阳线工程德阳标段招标图纸
11	市域（郊）铁路成都至德阳线工程各工点平面布置图
12	通过现场踏勘对沿线的建筑物、管线、地质情况进行实地调查
13	各工点交通疏解设计图

6.5.1.3 交通疏解原则

（1）制定科学、合理的交通疏解方案，满足车辆通行要求，保证本工程顺利施工。

（2）贯彻"以人为本"的理念。尽可能地方便市民的出行要求。

（3）尽最大可能对施工区周边原道路和交通、市政设施进行保护。

（4）营造和谐的社会氛围，处理好与周边居民、行人的关系，为顺利施工提供有力的支持。

6.5.2 线路概况

市域（郊）铁路成都至德阳线工程线路起于成都地铁1号线韦家碾站，与轨道交通18号线、5号线换乘，止于德阳市德阳北站，线路全长70.869 km。

德阳段线路长40.250 km，其中地下段长11.603 km，高架段长27.263 km，路基及过渡段长1.384 km。德阳段共设车站7座，其中地下站4座，高架站3座。德阳段设德阳北车辆段1座，主变电所2座。

6.5.3 地下各站点交通疏解情况

全线地下点位打围涉及7处，位于市内城市主干道上，车流量大，交通疏解组织困难，施工过程需多次倒边，且打围须临时占用市政道路、周边商铺用地，居民投诉压力大。如文庙广场站需要分6次进行交通疏解倒边打围。

德阳南站至四川建院站高架区间需进行交通疏解的路段为沿洪湖路自西向东，该路段始于德阳市应急保障医院西侧，沿洪湖路自西向东依次与井冈山路、华山南路、昆仑山路相交，止于洪湖路与六盘山路路口，涉及交通疏解路段长度约2.4 km。对于洪湖路应急保障医院至六盘山路段高架区间的交通疏解沿洪湖路总体分为四段，分别为应急保障医院段、井冈山路至华山南路段、华山南路至昆仑山路段、昆仑山路至六盘山路段。洪湖路通行现状为6个机动车道+2个非机动车道，道路宽度30 m，道路南、北侧设有人行道，人行道宽度5 m，道路红线宽度40 m，分为4期组织施工。

德四高架区间现状及交通疏解如图6.4所示。

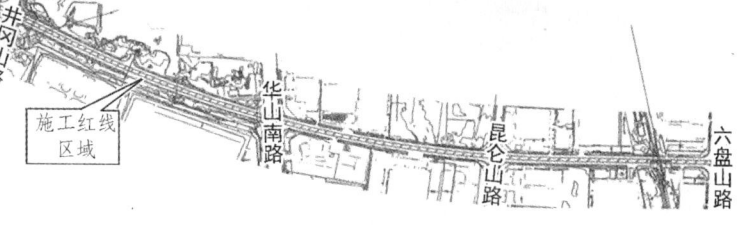

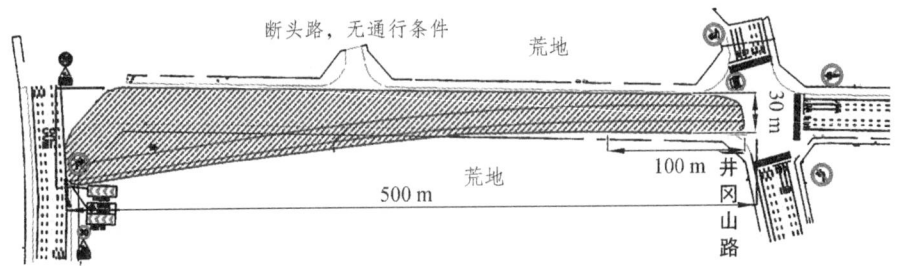

图 6.4 德四高架区间现状及交通疏解

德阳南站—四川建院站明挖区间由地下一层明挖区间和 U 型槽段组成，明挖区间全长 554 m。全线沿洪湖路敷设呈东西走向，洪湖路现状为双向 6 个车道+2 个非机动车道，红线宽度 40 m，祁连山路现状道路为双向 6 个车道+2 个非机动车道，道路红线宽度为 30 m，分为 2 期组织施工。洪湖配气站仅设置一处大门且位于洪湖路侧，成德蓉裕隆科技有限公司、通信设备研发及生产基地、四川汉威电器均有大门与祁连山路相接。

德四明挖区间现状及交通疏解如图 6.5 所示。

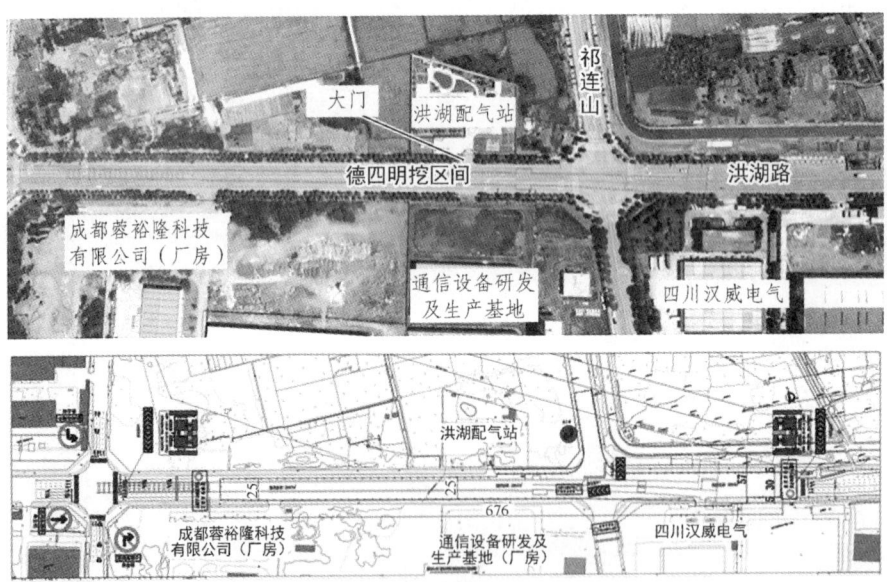

图 6.5 德四明挖区间现状及交通疏解

四川建院站位于嘉陵江西路和泰山南路二段交叉口南侧，沿泰山南路二段设置,泰山南路现状为双向6个车道+2个非机动车道,红线宽度40 m,嘉陵江西路为双向8个车道+2个非机动车道,红线宽度50 m。四川建院站结构总长287.2 m,采用明挖顺作法施工方式(局部盖挖法)。四川建院站分4期施工。

四川建院站现状及交通疏解如图6.6所示。

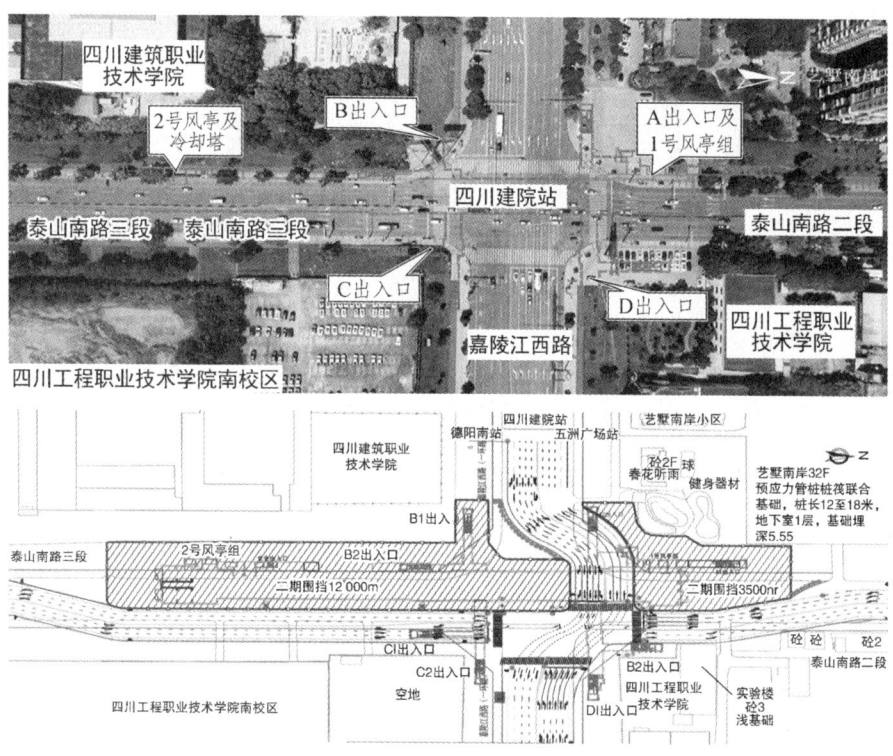

图6.6 四川建院站现状及交通疏解

五洲广场站位于德阳市泰山路二段与松花江北路交叉口南侧地下,沿泰山南路南北向布置,泰山南路现状为双向6个车道+2个非机动车道,红线宽度40 m。车站总长度186.8 m,采用明挖法施工。五洲广场站分3期施工。

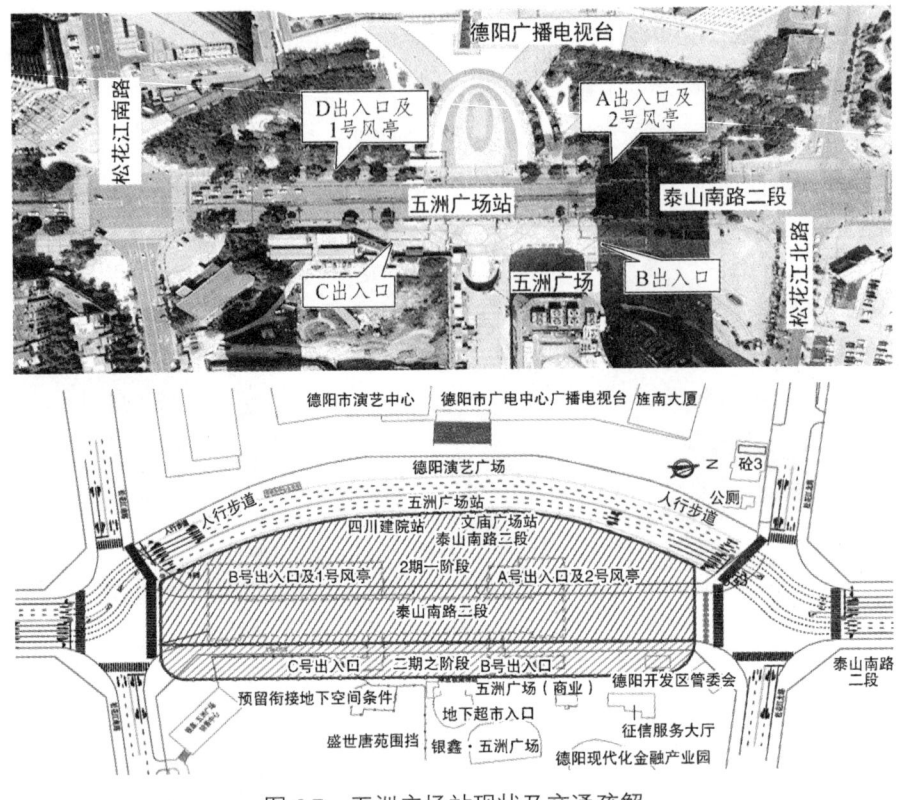

图 6.7　五洲广场站现状及交通疏解

文庙广场站位于泰山南路与长江西路交叉口，沿泰山南路南北向布置，泰山南路现状为双向 6 个车道+2 个非机动车道，红线宽度 40 m，长江西路现状为双向 8 个车道+2 个非机动车道，红线宽度 50 m。文庙广场站结构长 199.8 m，采用半盖挖法施工（跨路口处采用全盖挖法）。文庙广场站分 6 期施工。

文庙广场站现状及交通疏解如图 6.8 所示。

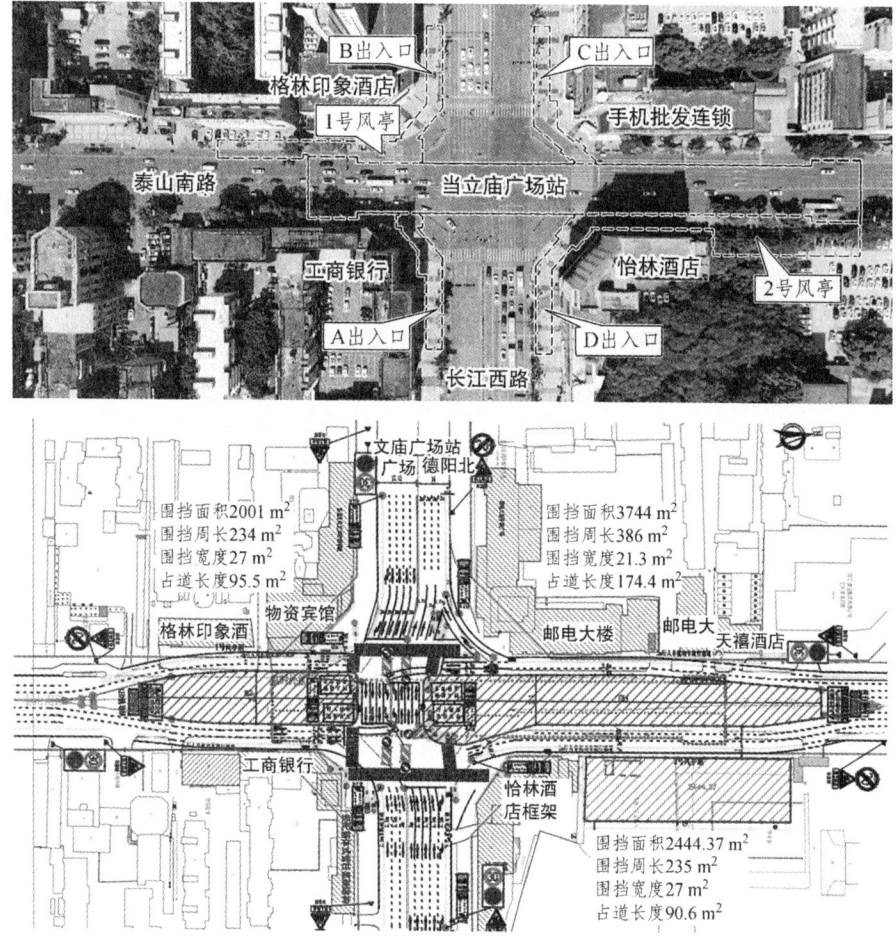

图 6.8 文庙广场站现状及交通疏解

文德区间风井呈北偏东向布置于泰山北路二段正下方,沿泰山北路二段设置。泰山北路二段现状道路红线宽度为 30 m,现状道路为双向六车道。车站分 3 期施工。周边环境涉及德阳市自来水公司、禁毒服务中心、石刻公园、北光小区 D 区。

文德区间风井现状及交通疏解如图 6.9 所示。

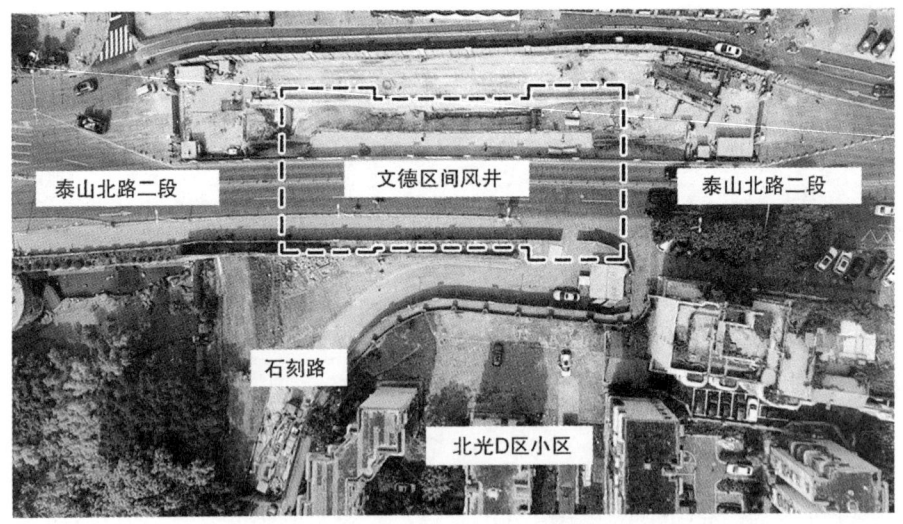

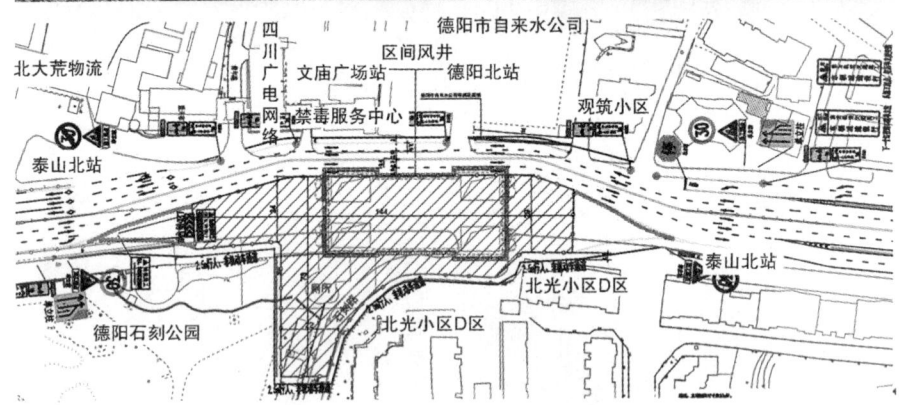

图 6.9 文德区间风井现状及交通疏解

德阳北站呈北偏东向布置于国铁德阳站东广场前的黄山路正下方，沿黄山路设置。黄山路现状道路红线宽度为 29 m，现状道路为双向六车道。周边环境涉及德阳火车站、德阳城北公交总站、德阳汽车客运北站。车站共分 3 期施工。

德阳北站现状及交通疏解如图 6.10 所示。

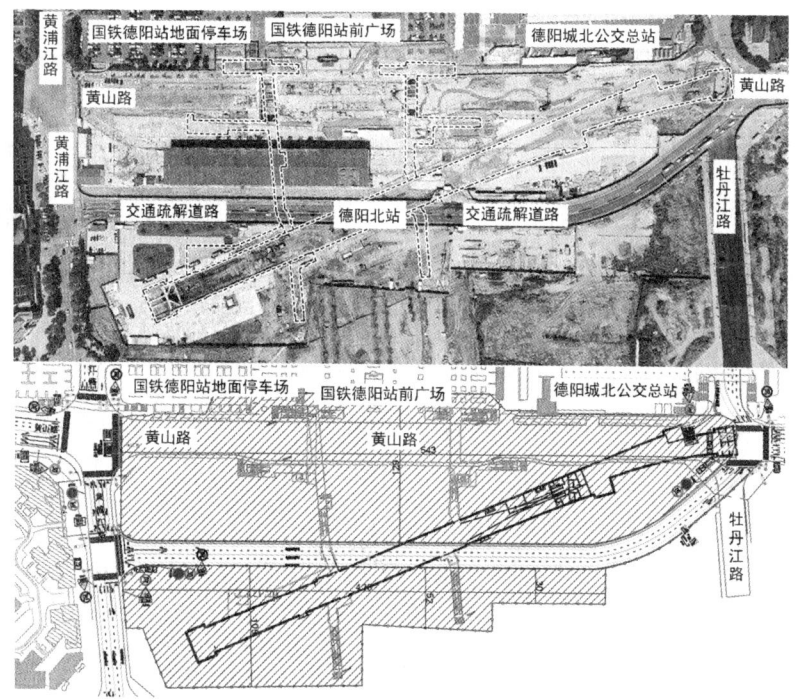

图 6.10 德阳北站现状及交通疏解

6.5.4 交通疏解施工部署

6.5.4.1 组织机构

根据交通疏解及占道打围施工特点及施工管理经验,为确保安全、高效、高标准完成围护结构施工,建立由项目经理领导,由总工程师、生产经理、安全总监、质量总监等领导班子成员组成的项目总部,将各部门相关管理人员下设到三个车站直接管理的三级管理体系,对整个施工阶段的工期、安全、质量进行控制如图 6.11 所示。

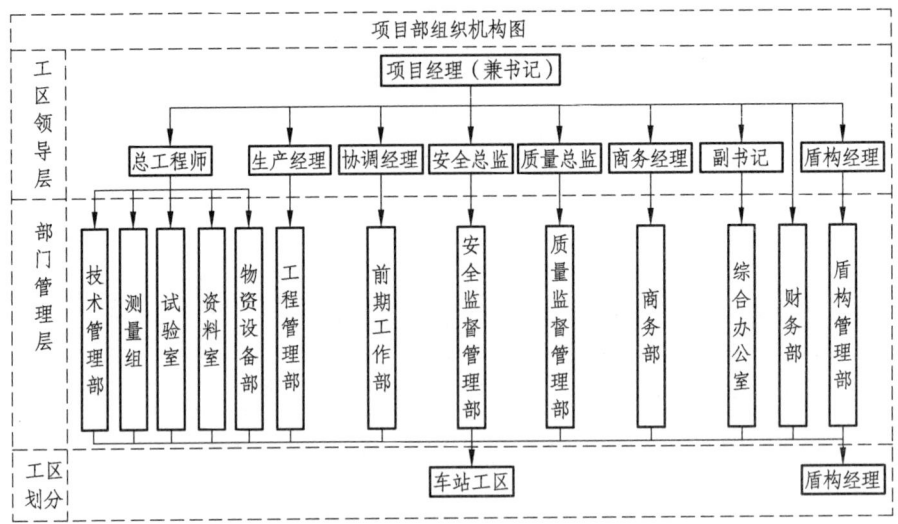

图 6.11 项目组织机构图

6.5.4.2 工期计划

根据工筹制定各阶段交通疏解打围时间计划。

6.5.4.3 资源投入计划

1. 机械设备准备

根据单位的施工进度总体安排,结合业主对工程总体工期的控制要求,现场主要大型机械设备进场拟于正式施工前一个星期进场。

2. 物资准备

拟投入的主要物资如表 6.3 所示。

表 6.3 拟投入的主要物资表

序号	物资名称	单位	数量	备注
1	施工牌	套	16	
2	限速(配红蓝频闪)	套	16	
3	解除限速	套	8	

续表

序号	物资名称	单位	数量	备注
4	警告牌	套	8	
5	反光膜（含路灯杆、围挡处）	㎡	16	
6	太阳能诱导标	处	16	
7	标线施划	m	2 400	

3. 人员准备

各站点拟投入的劳动力如表 6.4 所示。

表 6.4 拟投入的劳动力表

工种	人数	备注
施工员	2	
安全员	1	
交通协管员	4	
测量员	2	
土方司机	5	
摊铺司机	2	
压路司机	2	
机修工	2	
杂工	10	
合计	30	

各站点拟投入的管理人员如表 6.5 所示。

表 6.5 拟投入的管理人员数量表

工种	人数	备注
施工员	2	
技术员	1	

续表

工种	人数	备注
安全员	2	
测量员	2	
质监员	2	
合计	9	

6.5.5 苗木移栽和构筑物拆除

6.5.5.1 苗木移栽

根据现场调查情况,梳理各工点需要进行移栽的苗木,并形成清单。

6.5.5.2 构筑物拆除

根据现场调查情况,梳理各工点需要拆除的构筑物,并形成清单。构筑物一般有路灯、乔木、广告牌、路名牌、公交站、垃圾桶、电子眼、红绿灯等。

6.5.6 交通疏解施工方案

6.5.6.1 围挡施工方法

1. 围挡施工顺序

围挡施工顺序为:(1)立柱及斜撑→(1-1)加固中撑→(2)挡浆板→(2-1)广告板→(2-2)下卡槽→(3)加固横梁→(4)围挡扣板→(5)上卡槽→(6)塑料灯箱→(7)警示灯→(8)喷淋系统→(9)电源管线。

围挡效果图如图6.12所示。

图 6.12 围挡效果图

2. 围挡分类及适用范围

（1）0.8 mm 厚围挡适用于车站（含明挖区间、中间风井等）工地围挡。

（2）后续打围利用一期打围的合格材料，不合格的材料退场处理。

3. 围挡标准

（1）围挡总高度（地面至围挡上沿）3 m，全部采用 0.5 m 高基座。围挡按板材模数进行分段，宜为 9.9 m+1 m。围挡立柱应为方钢骨架，每段围挡设 2 根横梁，用连接螺栓固定。围挡上部和下部各设置 U 形卡槽，固定围挡片上下两端。中部设置加固中撑，上部采用螺栓与围挡横梁连接固定，下部锚固于坚实地面上，每段围挡共设置 3 个加固中撑，居中设置 1 个红色警示灯。

（2）围挡彩钢扣板采用硬质一次成型板材，印花喷涂绿草图案（油墨绿色小草，哑光型），厚度不小于 0.8 mm，现场模块化整体式拼装成型。

（3）立柱面板文字按照"线路名称+单位工程名称"隔 1 设 1 的方式喷涂，喷涂区域（范围 700 mm×1 800 mm）居中设置，字体为思源黑体，使用亚克力发光字。文字应在面板加工时统一喷涂，确保文字清晰、色泽均匀、无毛边。

（4）围挡应设置雾状喷淋，喷头水平间距不大于 3 m，喷头安装在围挡顶部以下 200 m 处的围挡内侧，喷头朝内斜向上。

（5）立柱面板上方设置灯箱（尺寸为 1 200 mm×600 mm），印刷建设单位 Logo，与立柱稳固连接。

（6）围挡正面图如图6.13所示。

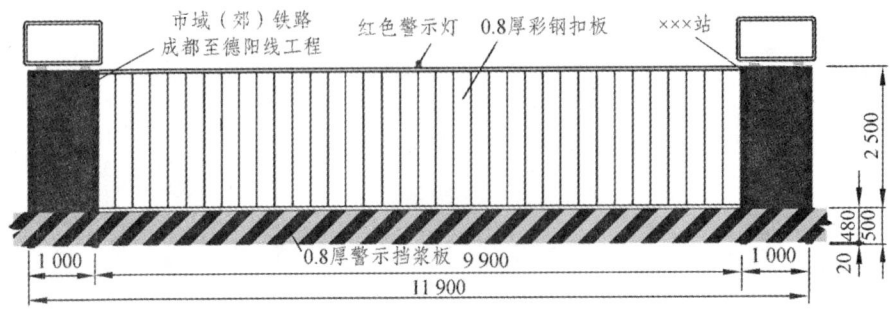

图6.13 围挡正面图

① 图中标注尺寸及数字单位以毫米计。

② 围挡高度为3 000 mm，围挡正面由彩钢扣板+U型卡槽+警示挡浆板+立柱面板组成，彩钢扣板规格为1 980 mm×275 mm，U型卡槽横断面为53 mm×26 mm，警示挡浆板高度为480 mm。立柱面板尺寸为1 000 mm×2 000 mm，间距10 900 mm。

③ 采用的钢材材质为Q235。

（7）围挡背面图如图6.14所示。

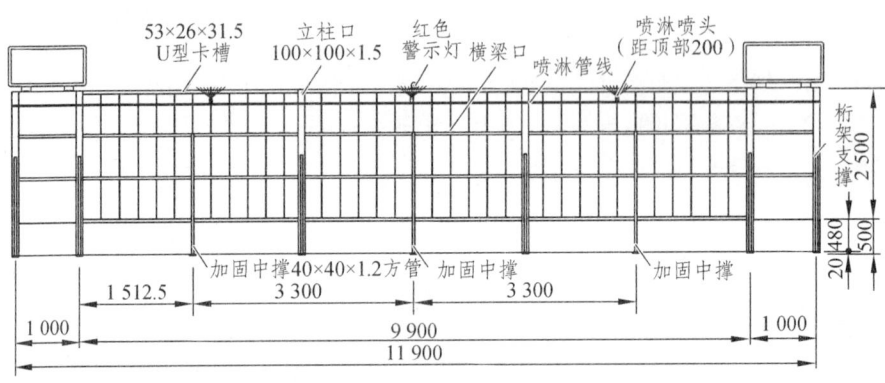

图6.14 围挡背面图

① 图中标注尺寸及数字单位以毫米计。

② 围挡背面主体结构为方钢骨架，由立柱+横梁+中撑组成，立柱规格为100 mm×100 mm镀锌方管，中撑及横梁规格为40 mm×40 mm镀锌方管。

③ 采用的钢材材质为 Q235。

4. 其他要求

（1）施工现场主要出入口的围挡上应悬挂公示标牌，包括施工平面图、工程概况牌、消防保卫牌、安全生产牌、文明施工牌、管理人员名单及监督电话牌。

（2）凡涉及占道的，应在每个占道区域围挡上分别设置占道公示牌（见图6.15），规格为 1 200 mm×800 mm 的矩形，下沿至地面的高度为 1.2 m。文字字体为标准黑体，颜色为黄底黑字，黑边框。公示信息以属地行政部门批复内容为准。

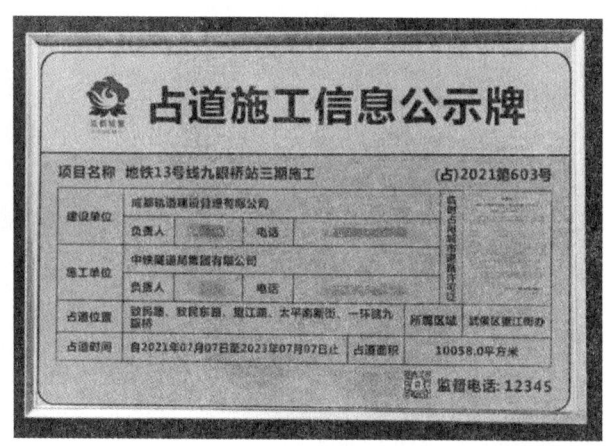

图 6.15　占道公示牌示意图

（3）围挡转角位于路口时应预留透明窗口，增加车辆、行人视野。

（4）施工现场建筑垃圾需外运的，应设置"建筑垃圾处置公示牌"。图牌规格为 1 400 mm×900 mm，悬挂高度以底边距地面 1.1 ~ 1.6 m 为准。同时张贴"扬尘投诉二维码公示牌"，制成 600 mm×600 mm 大小并过塑，扬尘投诉二维码要及时更新。

（5）建设工地位于风景名胜区、历史文化遗产、会展中心、体育场馆等范围内，或者该地方在举办重大活动时，在达到围挡基本技术要求的情况下，应按上级单位、政府要求对围挡进行个性化的美学提升（见图 6.16）。

图 6.16　围挡美化示意图

（6）围挡应定时清洗（每日早、晚各 1 次），定期检查、更换，保证其整洁、完整、牢固，施工单位应巡视检查喷淋的工作状况，确保喷头能有效工作。遇重大活动时要提高维护频率（每日早、中、晚各 1 次）。

（7）围挡安装时应结合施工地段实际情况充分考虑基础的牢固性、抗风稳定性等安全因素，采取必要的加强措施。大风、暴雨等恶劣天气，要加强围挡检查及修缮，保证安全。

（8）工程结束前不得随意拆除施工现场围挡。

6.5.6.2　交通疏解道路施工方法

1. 路基材料要求

路基必须密实、均匀、稳定。

（1）弯沉值：路基顶面弯沉值不得超过 260（0.01 mm）。

（2）路基处理原则。

2. 道路设计

（1）道路平面设计。

（2）道路地基处理、结构设计。

3. 管线保护措施

(1) 在施工期间与各管线产权单位保持密切沟通，及时沟通在施工中可能存在的问题，保障管线安全。

(2) 安排专职安全员每日对施工范围内的管线进行巡视，查看管线有无异常，地面是否沉降、管线是否异常等，排查现场存在的安全隐患，及时整改，并形成巡视记录。

(3) 管线附近作业时，必须安排专职安全员旁站，保证管线安全。

(4) 现场做好各管线的标识、标牌，在现场标明管线走向；施工前对现场作业人员进行管线保护交底。

(5) 详细阅读，掌握设计、建设单位提供的地下管线图纸资料，并在工程实施前召开各管线单位施工配合会议，收集管线资料。对影响施工和受施工影响的地下管线开挖必要的样洞（开挖样洞时通知管线单位监护人员到场），核对弄清地下管线的确切情况，做好记录。

(6) 对于人行道改为机动车道部分，除采用钢筋混凝土道路结构外，还需对埋深较大管线的原有管线沟槽进行处理，原有管线沟槽回填细沙至设计基础标高并碾压密实。对管线埋深较浅的管线，例如路灯线和交安管线，需要探明管线余长后对管线埋深进行下降，下降至新建道路基础以下，黄沙回填后使用钢管进行保护；对无余长或者余长不足的管线，应与产权单位沟通进行迁改。

(7) 施工过程中发生意外情况，应事先制订好应急措施，配备好抢修器材，以便在管线出现险情时及时抢修，做到防患于未然。

6.5.7 交通疏解的组织协调和安全管理措施

1. 交通疏解组织协调措施

(1) 加强施工期间的交通疏解宣传，以取得市民的支持和谅解。

(2) 围蔽施工前，制订详细、科学、合理的交通疏解方案，以书面形式上报相关部门，取得交通管理部门的同意批复。

(3) 围蔽施工时，根据交通管理部门批复意见实施，并派出专人协助交通管理人员协调交通疏解。配合交管部门在相关路段利用非高峰期设置分道线、限速、警示、禁止等标志，在施工范围一定路段内设置交通安全禁止导向标志，并用锥形桶进行简单围挡，确保交通有序、施工安全。

（4）围蔽完成后，设置施工交通疏解指示牌，围蔽转角处设置警示红灯。

（5）加强与周边商贸、机关事业等相关单位的沟通协商，减少误会。取得相关单位的谅解和支持。

2. 交通管理措施

在保证施工正常进行的前提下，围挡应尽可能少地占用道路空间资源。施工期间充分考虑道路占用，交通疏导分流等交通组织方案，合理安排施工顺序及施工周期，密切配合交警部门对沿线的施工车辆、地方车辆的交通疏导，减少对地面交通的影响。具体管理措施如下：

1）组织保证体系。

成立专门的交通疏解小组，设组长1名，专职交通疏解员按需设置，分布在道路的两端。制订科学合理的交通疏解方案和应急措施，建立交通疏解管理制度，实行专人负责制和奖罚制度。

2）交通分流措施。

为避免施工期间在改道区域出现交通事故导致堵车，在施工期间应采取交通诱导和加强现场执勤疏导，在改道区域及沿线路口设置警示牌、诱导标、频闪灯及路线指引图，如图6.17和6.18所示。

图6.17　限速及解除限速标识牌

图 6.18 交通标识、警告牌

3）施工措施。

施工期间施工车辆在尽量不占用道路的同时，对围挡进行维修加固，确保行车安全。

4）维护保证措施。

（1）施工材料堆放在临时场地内，堆放的材料和机械设备不占用道路，并做到文明施工，保证车辆顺利通过，不阻塞交通。

（2）各道口车辆转弯处的围挡贴诱导标（重复3次），引导车辆行驶。在车辆绕道处设置大型醒目的绕道行驶标识牌,并在围挡上贴诱导标(重复3次)，设置两组太阳能黄闪灯，指导车辆渠化分流。

（3）建立与交警部门联系的直通道，及时反馈现场交通状况，在工作日上、下班高峰期请交警到现场帮助指挥，当严重塞车或突发事件塞车时，及时请交警到现场指挥并按应急方案进行分流。

（4）对于交通疏解方案，要积极与交警、路政、公交管理部门联系协商，取得管理部门同意后才能实施。

（5）施工现场周围划定警戒区，设置路障，严禁非施工人员和车辆进入施工现场。

（6）夜间施工时，周围照明必须充足，以便施工和警戒，防止附近居民穿越施工现场。

（7）加强各封锁路口与施工现场的联系，配备对讲机和手提电话等必要的通信器材。

（8）每次封路时间内，工作要一手清，解除封路前，要做好相应工序的防护工作和场地清理工作，确保道路的整洁和畅通。

3. 安全措施

（1）交通疏解方案经业主和交通管理部门审批后，在实施前组织施工人员进行技术交底和安全交底，并根据批准的方案进行施工准备。

（2）围挡施工前，先根据疏解方案，配合交管部门在相关路段利用非高峰期设置分道线和限速、警示、禁止等标志,在施工范围一定路段内设置交通安全禁止导向标志,并用锥形筒进行简单围挡,确保交通有序、施工安全。必要时,由项目部专职安全员配合交警协调交通。

(3)围挡施工时所有人员均要佩戴安全帽,身穿反光衣。

(4)围挡完成后,进行下道工序施工时不得利用围挡靠立施工机具和堆放材料,以免发生意外。

(5)掌握天气变化,若遇强风暴雨天气,预先用斜撑支撑加固,以确保其安全稳定。

(6)成立以项目副经理为组长的现场交通管理办公室,配合交通管理部门对施工范围及其影响路段进行施工期间全过程全天候的轮班管理、指挥,在各路口配备交通协管员,24 h在班轮值,佩穿统一的反光衣,携带对讲机和指挥旗,定期向有关部门汇报交通疏解和施工情况,并组织学习有关交通安全管理知识。

第7章 绿化迁移及市政设施迁移

地铁施工前的绿化迁移及市政设施迁移是一个复杂而重要的环节，它涉及城市的生态环境、市民的生活质量、市民的出行便利以及地铁建设能否顺利进行，需要多部门的协作和市民的理解和支持，以实现城市建设与环境保护、市民生活的双赢。迁移的主要目的是为地铁建设提供必要的施工场地，同时尽可能地保护和恢复城市的绿化环境及市政设施。

7.1 绿化迁移

7.1.1 绿化迁移工作原则

（1）保护优先原则：在地铁设计阶段，应优先考虑保护现有的绿化资源，尽量避免对绿化造成破坏。

（2）科学规划原则：绿化迁移应有科学合理的规划，包括迁移的树种选择、迁移的时机、迁移后植物的养护管理等。

（3）合法合规原则：绿化迁移应遵循相关法律法规，办理必要的审批手续。

（4）专业操作原则：绿化迁移应由具有相应资质的专业队伍进行，迁移过程中，对于部分根系发达的树种，要采取物理隔离措施减轻树木根系对道路和地下管网的影响，保证安全，并且应确保迁移过程中植物的存活率和后期的正常生长。

（5）后期养护原则：迁移后的植物需要得到适当的养护管理，以确保其能够适应新环境并健康成长。

这些原则旨在确保绿化迁移工作既能满足地铁建设的需要，又能最大限度地保护和恢复城市的绿化环境。

7.1.2 绿化迁移工作流程图

绿化迁移工作流程如图 7.1 所示。

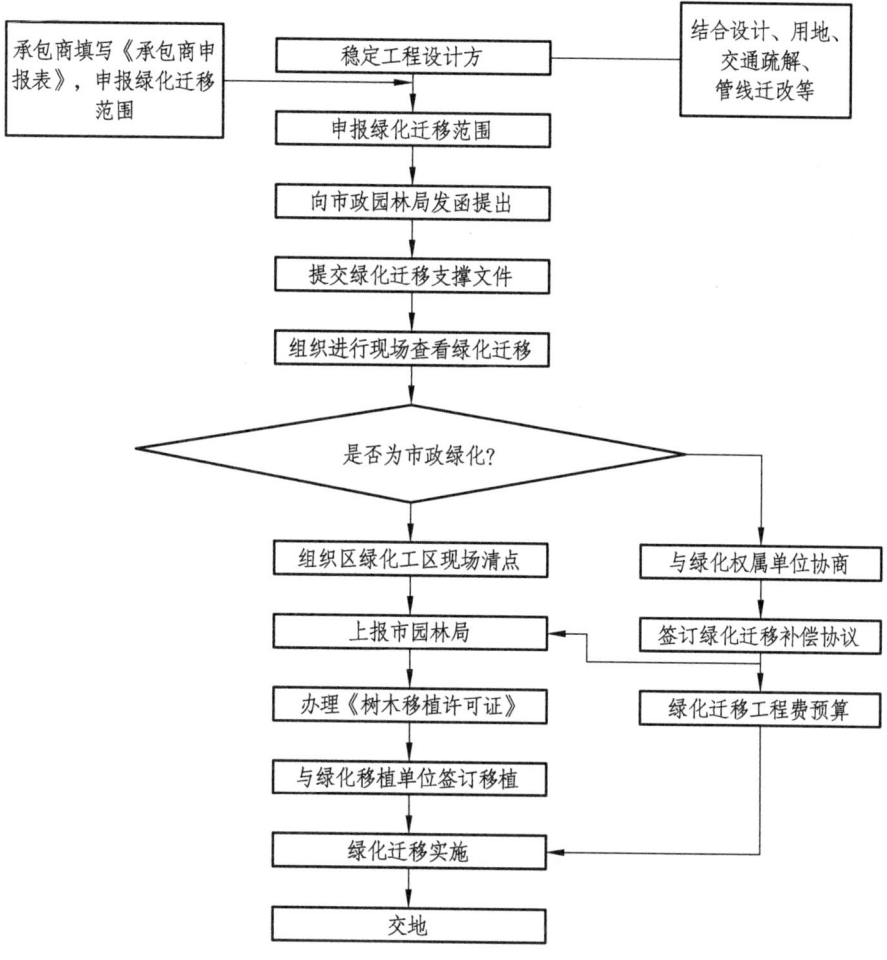

图 7.1　绿化迁移工作流程图

7.1.3 绿化迁移相关用表

绿化迁移相关用表如表 7.1 和 7.2 所示。

表 7.1 绿化工程施工现场签证单

编号：

项目名称				
工程部位			日期	
签证内容				
计算公式				
建设项目	现场代表签字： 年　月　日	监理单位	专业监理工程师： 年　月　日	施工单位

（最后一列内容：签字：　　年　月　日）

表 7.2 城市园林树木砍伐、移植许可项目申请表

申请人	单位名称			
	法定代表人		组织机构代码	
	申请人		身份证号码	
联系方式	申请地址			
	联系人		联系电话	
	手机号		传真号	
	受理项目	树木砍伐、移植在 5 株以上和砍伐、移植市管道路行道树的		
	咨询电话			
申请原因及内容				
备注:				
申请人签字: 申请单位盖章: 年 月 日				

7.1.4 绿化迁移专项施工方案

7.1.4.1 编制依据

（1）施工招标文件及施工合同。

（2）项目施工组织设计。

（3）项目部对施工现场的详细踏勘和工程相关测量资料。

（4）《园林绿化工程施工及验收规范》（CJJ 82—2012）。

（5）《园林绿化工程项目规范》（GB 55014—2021）。

（6）《绿化迁移技术规范》（DB4403/T 81—2020）。

（7）工程施工图、管线综合图纸。

（8）国家的法律、法规及地方有关安全文明施工、环境保护方面的具体规定和技术标准。

（9）施工单位以往类似工程经验及现有施工技术、管理水平、施工人力资源等。

7.1.4.2 移植原因

为保证地铁建设的顺利进行，需对结构范围内的绿化进行迁移。

7.1.4.3 移植资源配置及工期计划

（1）委托具有相应资质的专业队伍进行绿化移植工作。

（2）人员设备。

严格按照《城市园林绿化技术操作规程》的技术要求操作，为本工程拟定如下人员、机械机具配置。

① 人员配置。

施工人员配置：共20人，其中，管理人员1人，技术人员2人，技工人数5人、普工人数12人。

② 机械配置。

机械、机具配置：7.2 m货车、9.6 m货车、25 t吊车、高枝油锯、油锯、高枝剪、高枝手锯等等。

（3）工期计划、移栽点位。

制订绿化迁移工程施工计划，选定起挖点位和移植地点。

7.1.4.4 施工技术措施

1. 树木移植前的准备工作

（1）考察进、出场行车路线，并准备好相关工具和材料（如种植土、草绳、木板等材料和移植用铁锹、锄头、斧子、吊车、钢锹、运输车辆等工具）。

（2）移植前在施工范围内提前张贴施工公告。

（3）对移植起苗时容易受损的和有安全隐患的树枝（如枯枝、易断易脱枝等）进行起苗前修剪，技术工人在操作时必须注意安全。

（4）根据所移植树木的品种和施工的条件，制订具体移植的技术和安全措施。

（5）对所移植树木、生长地的四周环境、土质情况、地上障碍物、地下设施等进行详细了解。移植前对栽植地做土壤的理化性质、地下水矿化度分析。

2. 树木移植应遵循的相关技术标准、规范及工作流程

（1）根系或土球的大小：根据园林绿化相关技术标准及规范，根据现场树木情况决定分别应采取的措施，对落叶树、常绿树木带土球移植，根系范围或土球直径大小应视根系分布及品种而定，一般为胸径的 6～8 倍。根系或土球的纵向深度应为直径的 70%。

（2）树木挖掘方法：应用锐利的铁锹进行，直径 3 cm 以上的主根需要用锯锯断，小根可用剪枝剪剪断，严禁用锄劈断或强行拉断。主根切口应平滑，并尽量保留须根，挖掘过程中所有预留根系深度过 1/2 处以下可逐渐向内部掏挖，切断主侧根后即可打碎土台，保留土球，清除余土，推倒树木，如有特殊要求的，应包扎根部。

（3）需要带土球移植部分树木时的挖掘方法：挖掘带土球的树木时也应用锐利的铁锹进行，不得掘碎土球，铲除表土和底土时必须换扎腰绳，土球底部直径应为直径的 1/3。挖掘时先立好支柱，支稳树木，在挖掘前以树干为中心，按规定尺寸划出圆圈，在圈外挖 60～80 cm 的坑作沟。先去表土，见表根为准，再往下挖，修坨一般先将土坨修成大小呈截头圆锥型的土球，土坨修好后围内

腰绳，用草绳将土球腰部缠绕紧，随绕随拍打并勒紧，腰绳宽度视土球土质而定，一般为土球的 1/5 左右。围好腰绳后，在土球底部向内挖一圈约 5～6 cm 宽的底沟，以利打包时草绳松脱。打包时，绳要收紧，随绕随敲打，用双股或单股草绳以树干为起点，打好包后在土球腰部用草绳横绕 20～30 cm 的腰绳。草绳应缠紧，随绕随用木槌敲打，完成打包后，将树木按预定的方向用吊车起吊，遇到大的直根系，不得硬推，应锯断，随后用薄包片将底部包严。

3. 移植树木的装卸和运输

（1）装卸和运输过程中应保护好树木，尤其是根系，土球应保证完好，树冠大的树木应将枝条围拢，并用草绳绑扎，裸根苗木在运输过程中应保持其根部湿润。

（2）装卸及运输必须使用大型机械车辆，并轻拉轻吊，严禁拉、拖。为了确保能安全顺利地进行，必须由技术熟练人员统一指挥。装车时根系、土球向前，树冠朝后，一般装卸树木时应特别注意保护好根部，减少根部劈裂，折断，装车后支撑稳固并挤严，卸车时应按顺序吊下。

（3）运输的树木要合理搭配，不超高、不超重、不超宽，必须符合交通规定，并考察沿途架空管线的高度，需要暂时拆除的须先行拆除再通行。

4. 树木种植

（1）树木运到目的地后应及时栽植。运输过程中有损伤的，应及时对伤口进行处理。

（2）对于移出的树木，按照设计的位置挖种植穴，种植穴的规格大小应根据根系、土球的大小而定。

（3）种植时要栽正扶直、树冠主尖与根在一条直线上，种植带土球树木时应将土球放稳，并拆包取出包装物，如土球松散、腰绳以下部分不可拆除，以上部分则应解开并取出。种植裸根树木要求根系必须舒展，剪去劈裂断根，剪口要平滑。

（4）还土：一般用种植土加入腐殖土（肥土制成混合土），其比例为 7:3，肥土应充分腐熟、混合均匀，还土时要分层进行，每30 cm一层，还土后踏实（避免损散土球），培土到土球的2/3时应作围堰并浇足水（浇水时如果冒汽泡则表示坑内还有空隙），水分渗透后整平，如泥土下沉则应在3天内补填满。

5. 树木移后的养护管理

1）浇水排水。

（1）原则：浇水的相关情况应根据不同植物生物学特性、树龄、季节、土壤干湿程度确定。做到适时、适量、不遗漏。每次浇水要浇足浇透。使用水车浇水时，水压不能太大，不能直冲沟土，浇水要充足均匀，切忌边行车边浇水，浇成"跑马水"。

（2）浇水量：应根据植物种类和气候、季节和土壤干湿程度确定，深度达根部、土壤不干涸为宜。气候特别干旱时，除应浇足水外，还应增加叶面喷水保湿环节，减少蒸腾。具体浇水量为：乔木不少于40 kg/株次（胸径10 cm以下），灌木不少于30 kg/株次，色块灌木、绿篱不少于30 kg/m²·次，草坪不少于20 kg/m²·次、盆草花不少于20 kg/m²·次。大树依据具体情况和浇水原则确定。地栽宿根花卉以土壤不干燥为准。喷灌浇水每次开启时间不少于30 min，以地面无径流为准。

（3）浇水次数：开春后植物进入生长期，须及时补充水分。生长期及干旱、高温条件下应每天浇水，休眠期每半月或一月应浇一次，花卉、草坪应按生长要求适时浇水。各种植物年浇透水次数不得少于：乔木6次，灌木8次，色块灌木12次，花卉每天两次，草坪18次。

（4）浇水时间：集中于春、夏、秋末。夏季高温季节应在早晨或傍晚进行，冬季宜午后进行。

（5）浇水方法：树木浇水前，应先开挖灌水沟，灌水沟的大小，以树冠投影为准，深度以不伤根为限，水圈高度为30 cm，要求密实不漏水；绿篱浇水前，应在两侧先筑水埂，高15 cm，并用水花撬全面松土，深度以不伤或少伤根为限。若绿篱沟面不平坦，水流往一方流动，应分段筑埂挡水；花坛种植槽、花盆浇水前，应用小花撬松土，肉质根及球根类花卉浇水量宜少，以土壤不干燥为度。无论是用水车喷洒还是用水桩浇水，都必须随时满足浇水所用工具和机具运行良好的要求。

（6）雨季应注意防洪排涝，清除积水。

（7）进行浇水作业时应注意安全事项。

2）施肥。

（1）原则：为确保各种植物正常生长发育，要定期对树木、花卉、草坪等进行施肥。施肥情况应根据植物种类、树龄、立地条件、生长情况及肥料种类等具体情况而定。

（2）施肥量：根据植物种类、生长状况、季节确定。应量少次多，以不造成肥害为度，同时满足植物对养分的需求。施基肥乔木（胸径在10 cm以下）不少于20 kg/株次，灌木不少于10 kg/株次，色块灌木和绿篱不少于 0.5 kg/m^{2}次，草坪不少于 0.2 kg/m^2·次。施追肥一般按 0.5%～1%浓度的溶解液施用。干施化肥一般用量，乔木不超过250 g/株次，灌木不超过 150 g/株次，色块灌木和绿篱不超过 30 g/m^2·次，草坪不超过 10 g/m^2·次。根系萌发后可进行土壤施肥。

（3）施肥次数：根据植物种类、生长状况、季节确定。基肥每年不少于一次，追肥每年不少于2次，特殊情况下如有特殊要求以及草坪或花卉增加施肥次数。观花植物应在花期前后各施一次。要求薄肥勤施，慎防伤根。

（4）施肥方法：施肥应均匀，基肥应充分腐熟埋入土中，化肥忌干施，应充分溶解后再施用，用量适当。新栽植物或根系受伤植物，未愈合前不应施肥，草坪修剪一周后才能施肥。施肥应结合松土、浇水进行。

3）修剪。

（1）原则：修剪是最关键的技术措施，其作用有培养树型，控制生长，更新复壮，减少伤害，促进开花。修剪应根据植物的种类、习性、设计意图、养护季节、景观效果进行，修剪后要求达到均衡树势、调节生长，花繁叶茂的目的。

（2）修剪内容：包括剥芽、去蘖、摘心摘芽、疏果、整形、更冠等技术。根据绿化设计要求以及植物种类正确选择修剪的技术方法，宜多疏少截。

（3）修剪方式：养护性修剪分常规修剪和造型（整形）修剪两类。常规修剪以保持自然树型为基本要求，按照"多疏少截"的原则及时剥芽、去蘖，合理短截并疏剪内膛枝、重叠枝、交叉枝、下垂枝、腐枯枝、病虫枝、徒长枝和损伤枝，保持内膛通风透光，树冠丰满。造型修剪以剪、锯、捆、扎等手段，将树冠整修成特定的形状，达到外形轮廓清晰、树冠表面平整、圆滑、不露空缺，不露枝干、不露捆扎物。

（4）修剪时间：落叶乔木在休眠期进行，常绿乔木生长间隙期进行，灌木根据设计的景观造型要求及时进行。

（5）修剪次数：乔木不能少于1次/年，造型灌木不能少于4次/年，绿篱植物不能少于8次/年，灌木不能少于3~4次/年。

（6）乔木修剪：一般只进行常规修枝，对主、侧枝尚未定型的树木可采取短截技术逐年形成三级分枝骨架。庭荫树的分枝点应随着树木生长逐步提高，树冠与树干高度的比例应在7:3和6:4之间。行道树在同一路段的分枝点高低、树高、冠幅大小应基本一致，上方有架空电力线时，应按电力部门的相关规定及时剪除影响安全的枝条。

（7）灌木修剪：一般为保持其自然姿态，会疏剪过密枝条，保持内膛通风透光。对丛生灌木的衰老主枝，应本着"留新去老"的原则培养徒长枝或分期短截老枝进行更新。观花灌木和观花小乔木修剪时应遵从花芽发育规律，对于当年新梢上开花的花木，应于早春萌发前修剪。对当年形成花芽，次年早春开花的花木，应在开花后适度修剪，对于着花率低的老枝，要进行逐年更新。在多年生枝上开花的花木，应保持培养老枝，剪去过密新枝。

（8）草坪修剪：混播草坪不能少于24次/年，草坪高度应保持6~10 cm，当草高超过12 cm时必须进行修剪。剪草高度应以4~5 cm为宜，切忌齐根下剪，影响草坪质量。

（9）花灌木定型修剪：分枝点以上树冠圆满，枝条分布均匀，生长健壮，花枝保留 3~5 个，随时清除侧枝、蘖芽。球型灌木应保持树冠丰满，形状良好。

（10）修剪注意事项：修剪的剪口或锯口平整光滑，不得劈裂、不留短桩。修剪应按技术操作规程和要求进行，须特别注意安全。对某种植物进行重度修剪或操作人员拿不准修剪尺度时，须报告管理处在其指导下进行。剪下的枝条应集中及时处理，以免影响市容卫生和引起病虫蔓延。

4）中耕、除草。

（1）原则：绿地杂草丛生，土壤板结，不但影响植物的正常生长发育，还影响绿地观瞻。及时中耕除草，提高土壤透气性，利于植物根部生长。

（2）松土：生长季节进行，用钉耙或窄锄将土挖松，草坪应用打孔机松土，每年不能少于 2 次。

（3）除草：掌握"除早、除小、除了"的原则。绿地中应随时保持无杂草，保证草坪的纯净度。除草应尽量连根除掉，必要时，在掌握和了解了化学除草剂药理知识后，也可以使用化学除草。但应先试验后使用，以不造成药害为度。

5）支柱、扶正。

（1）倾斜度超过 10° 的树木，须进行扶正，落叶树在休眠期进行，常绿树在萌发前进行。扶正前应先疏剪部分枝桠或进行短截，确保扶正树木的成活。

（2）新栽大树和扶正后的树木应进行支柱。支柱材料在同一路段或区域内应当统一，支柱方式要规范、整齐。支柱着力点应在树高的 1/2 以上，支柱材料在着力点与树干接触处应铺垫软材，以免损伤树皮。

（3）每年雨季前或台风前都要对支柱进行一次全面检查，对松动的支柱要及时加固，对嵌入树皮的捆扎物要及时解除。

（4）扶正支柱需及时发现、及时支柱。采用铁丝作捆扎材料或对树木无伤害的其他扶正措施，每过一定时期应检查捆扎材料对树干有无伤害，及时处理。

6. 施工期间周边绿植防护措施

（1）起重作业时，专人指挥和看护，防止起重作业时吊车臂转向周边绿植造成破坏。

（2）施工场地属于泥岩，按照设计图纸要求不设置降水井抽取地下水，对周边绿植影响较小。

（3）每天巡查周边绿植状况，如发现周边绿植有异常，及时通报管护单位处理。

7.1.4.5 施工保证措施

（1）选派有工程施工经验、技术过硬、作风好的专业施工队伍进行施工。

（2）技术管理以技术负责人为首，确保施工生产全过程始终在合同规定的技术标准和要求的控制下。

（3）建立完善的安全岗位责任制，确保各项安全管理工作的落实。

（4）统筹规划，合理安排施工时间，降低对现状交通的影响。

（5）绿植在运输时，注意遮荫、安排专人补水保湿，减少水分蒸发。

7.1.5 绿化恢复

恢复方案由发包人委托的设计单位进行方案设计，报送市公园局审批通过后，由发包人委托的专业单位实施。

步骤：明确恢复界面→设计单位按照会议纪要和相关文件出图→恢复方案图报各区公园局审查→市公园局审批→实施恢复→管护期满后绿化移交。

7.2 市政设施迁移

7.2.1 工作原则

在满足施工生产所必需的场地条件下，尽量减小迁移范围，减少设施的迁移数量，原则上只允许一次迁改到位。迁移及恢复需统筹进行考虑。

7.2.2 迁移种类

涉及的常见设施：照明设施、公交站牌、出租车站牌、自行车棚、广告牌、成都通、通信柜、信号灯、地标牌、宣传栏、监控等，如图 7.2~7.7 所示。

图 7.2　公交站

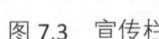

图 7.3　宣传栏

图 7.4　LED 显示屏

图 7.5　单柱单悬红绿灯

图 7.6　智能交通信号控制柜

图 7.7　地标牌

7.2.3 办理市政设施迁移工作流程图

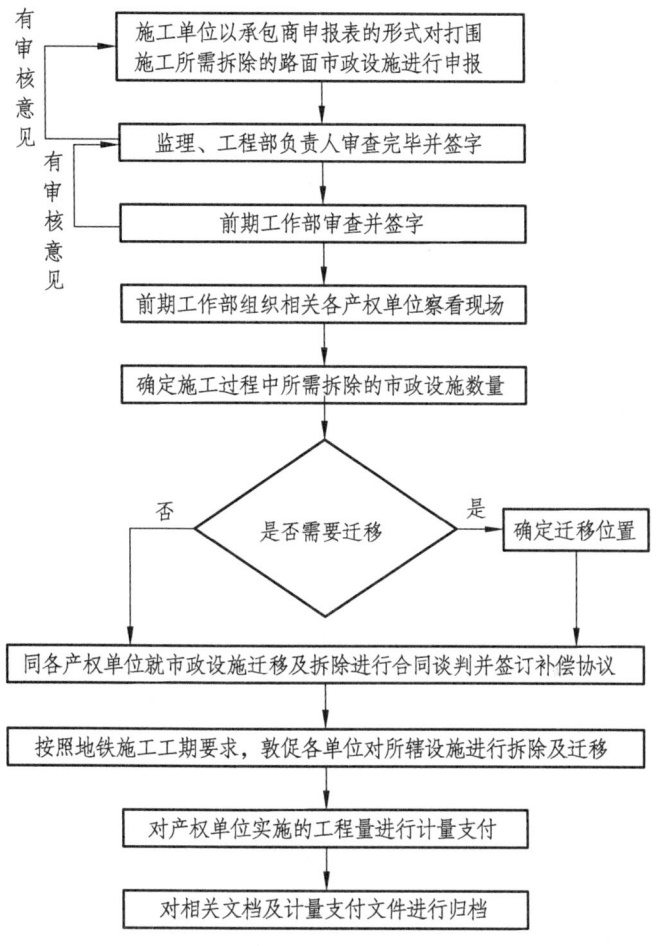

图 7.8　市政设施迁移工作流程图

第 8 章 管线迁改和保护

8.1 管线工作总体情况

城市轨道建设涉及需要迁改和保护的管线有通信、电力、排水、自来水、燃气 5 类，管线错综复杂且重要管线多，其中输油管道、高压输电线、高压燃气等重大管线迁改和保护的难度大、协调周期长、成本高，需要协调的产权单位有十余家。

8.1.1 政策依据

根据属地政府及产权单位相关文件要求执行。

8.1.2 工作依据

规划批复的"管线综合"是各产权单位开展施工图设计的基本依据。

8.1.3 基本工作需求

根据"管线综合"方案，对影响地铁工程建设正常开展的各种管线进行有序迁改和保护工作，保证地铁施工的顺利。

8.1.4 涉及的主要管线种类

（1）自来水（市政供水、用户供水）。

（2）燃气（城市燃气、长输管道）。

（3）电力（配电 10 kV 及以下、输电 35 kV 及以上）。

（4）通信（民用通信、专用通信、特殊保障通信）。

(5)排水(雨水、污水、中水)。

8.2 管线迁改涉及产权单位

8.2.1 主要产权单位

(1)自来水:市、区自来水公司。

(2)燃气:市、区燃气公司、长输管道(中石油、中石化等)。

(3)电力:省、市、区供电公司。

(4)通信:民用通信(电信、移动、联通、广电、长城宽带、铁通等)、专用线(信息港、专用局、长传局、航空管理局、国安局、公安局等)、军缆。

(5)通信(管道):电信公司、移动公司、蓉城管线公司、区县产权公司等。

(6)排水:市、区水务局、排水监管中心、城管市政处等。

8.2.2 管线迁改实施主要单位

各产权单位由于自身改革业务分离及自身平台关系,实施单位如下:

(1)自来水:市环境水务建设公司、区县权属自来水公司。

(2)燃气:市、区燃气管网工程分公司、长输管道(中国石油天然气股份有限公司西南油气田分公司输气管理处等)。

(3)电力:蜀电集团及各属地分公司等。

(4)通信:管线产权单位下属施工队。

8.3 管线迁改协调平台及对象

8.3.1 管线迁改协调平台

(1)市、区轨道办或市、区交通局。

(2)各产权单位的对接协调机制。

8.3.2 管线迁改涉及单位及协调对象

(1)地铁结构设计院、管线综合设计院(市政设计院等)、设计总体、业主设计管理部。

(2)各产权单位设计院(供水设计院、电力设计院、燃气设计院等)。

(3)产权单位、迁改实施单位。

(4)政府相关的职能部门(市规自局、市住建局、市经信局、市城管局、区县轨道办及相关部门等)。

8.4 管线迁改和保护思路

(1)管线迁改与保护方案在确定前,组织对本线路所有管线进行现场踏勘,厘清管线的实际情况,结合交通疏解打围、主体结构施工、附属结构施工、工期成本等方面统筹考虑,同时加强与管线产权、设计、业主等相关单位的沟通交流,建立联系沟通机制,争取制订最利于施工的管线迁改与保护方案。管线迁改首推一次性永迁至主体和附属结构以外,避免管线影响结构施工和发生重复迁改或保护费用,迁改涉及多期打围的,需在每期围挡内进行空管埋设,避免二次开挖。

(2)管线迁改与保护方案确定后,编制管线迁改及保护手册。对影响施工的重要管线倒排迁改计划并制定管线迁改责任状,每条管线责任到人,明确奖罚措施。在管线迁改实施前,加强与业主和产权单位的沟通,加快迁改手续办理及合同签订,提前准备好材料、施工队伍等相关资源,只要现场具备迁改条件,管线迁改单位就能马上进场施工;管线迁改过程中,派专人做好配合协调工作,保证按计划实施迁改不影响现场结构施工。

(3)针对管线保护,邀请管线产权单位对参建人员进行培训及交底,明确相关管线保护注意事项。对管线现状逐一进行现场核实,并对涉及的每条管线类型、数量、埋深、走向、材质、用途、运行状况、影响范围、保护措施、管理要求等内容逐一进行交底,留存交底记录。编制管线保护应急手册和管线保护方案，施工现场设置管线专员，明确每条管线保护责任人，现场做好管线标识。在开挖作业前，必须坚决实行"先探后挖""双确认"原则。

（4）建立各专业管线交流沟通群，对管线产权单位提出的问题及管线事件及时答复并处理，定期召开管线协调会。

8.5 管线迁改工作流程

8.5.1 一般通信管线迁改

项目上报承包商申报表+管综给业主审核（3天）→业主联系迁改单位核实工点通信管线及设施现状、组织迁改施工图设计及审批（10天）→招标、采购（7天）→实施土建施工及放缆（15天）→申报通信光缆割接计划（在放缆的过程中可同步申报割接申请）（7天），总流程42天左右，根据迁改工程量和管线重要程度，确定具体的迁改周期。

8.5.2 自来水管线迁改

项目上报承包商申报表+管综给业主审核并向产权单位发工作联系单（8天）→自来水公司及其设计院核实工点管网现状、组织自来水迁改施工图设计及审批（20天）→根据迁改方案编制费用预算（10天）→预算审核及预付款支付（20天）→自来水施工单位进行队伍招标、材料采购（10天）→土建工程、安装管道设施、打压验收（30天）→申请停水计划，碰管（7天），总流程约105天，根据迁改工程量和管线重要程度，确定具体迁改周期。

自来水迁改场景如图8.1所示。

图 8.1　自来水迁改

8.5.3　一般燃气管线迁改

项目上报承包商申报表+管综给业主审核并向产权单位发工作联系单（8天）→燃气公司向设计院下委托、设计院核实工点管网现状出迁改方案并报燃气公司审核（20天）→根据迁改方案编制费用预算（10天）→预算审核及预付款支付（20天）→燃气公司正式立项、队伍招标、材料采购（10天）→土建工程、安装管道设施、打压验收（30天）→申请停气计划，碰管（7天），总流程约105天，根据迁改工程量和管线重要程度，确定具体迁改周期。

燃气迁改场景如图 8.2 所示。

图 8.2　燃气迁改

8.5.4 中石油高压燃气管线迁改

项目上报承包商申报表+管综给业主审核（7 天）→与产权单位签订协议并支付预付款（60 天）→项目立项（8 天）→落规（20 天）→初步设计报告并完成输气处审核（20 天）→安评和环评、施工图设计、管材采购及生产（90 天）→土建及埋管施工（60 天）→停气手续办理、碰管（20 天）→竣工验收（5 天），总流程 290 天左右，根据迁改工程量和管线重要程度，确定具体迁改周期。

中石油高压燃气迁改场景如图 8.3 所示。

图 8.3　中石油高压燃气迁改

8.5.5　10 kV 电力管线迁改

项目上报承包商申报表+管综给业主审核（7 天）→与电力公司签订协议（60 天）→电力公司向电力施工、设计单位发任务单并组织核实工点电力通道、电缆、设备等现状（10 天）→电力设计单位根据管综出初步方案设计、联系电力施工单位组织各电力所确定方案实施可行性（15 天）→方案修改，报各供电所审核（30 天）→报市供电公司审核（15 天）→支付预付款（15 天）→电力施工单位根据方案挂网电器招标及生产、蓉城管线进场土建通道施工、电力公司组织验收（40 天）→电力施工单位进行电器施工并组织向市供电公司申报停电计划（40 天）→完成迁改，总流程 6 个月起，根据迁改工程量和管线重要程度，确定具体迁改周期。

电力迁改场景如图 8.4 所示。

图 8.4 电力迁改

8.5.6 排水管线迁改

项目上报承包商申报表+管综给业主审核并向设计院下发工作联系单（5天）→业主组织排水管线迁改相关单位进行现场踏勘、设计院开展排水迁改施工图设计（20天）→排水迁改施工图审查及出图（20天）→项目根据迁改施工图进行施工队伍招标（5天）→土建工程、管道埋设（明挖30天，顶管60天）→申请验收、碰管（15天），总流程约3个月，根据迁改工程量和迁改方式，确定具体迁改周期。

排水迁改场景如图 8.5 所示。

图 8.5 排水迁改

8.6 管线保护

8.6.1 总体要求

严禁在各类管线规定保护区内施工作业。若确需进入保护区作业，需经管线产权单位同意，并按照下列要求执行。

（1）悬吊保护的管线采用硬质隔离保护，原位保护的管线需在地表标识出管线区域，在管线区域外沿 30 cm 用彩旗绳设置立体警示隔离带，隔离带外沿架设铁马架，严禁机械设备违规进入该区域作业。

（2）距离管线水平距离 50 cm、垂直距离 100 cm 范围内禁止机械停放、作业及通行，若特殊情况下机械设备需在管线位置停放、作业及通行时，需在设备着力点下方铺设厚度不小于 20 mm 的钢板；大型吊装作业按照经批准的专项方案执行。

（3）探孔及探槽（沟）开挖时需采取有效的支护措施，防止坍塌危及人身、附近管线及既有建构筑物的安全；各探孔需埋设深度不小于 3 m 的钢护筒。

（4）施工单位必须对管线迁改后设置的管道堵头（尤其是雨污水管）、沿线管线（管道）的安全可靠性进行核实，设置"双封堵"时，既要封堵端头井位置，又要封堵上游临近检查井，并避免因管道堵头质量问题造成施工安全隐患。

8.6.2 管线保护措施要求

8.6.2.1 电力及通信线缆

1. 横跨基坑类

（1）10 kV 以下的电缆（横跨基坑类）。

保护措施：内层采用麻袋包裹，外层采用 PVC 管包裹，PVC 管外侧粘贴黄黑相间的警示带，并用贝雷架或型钢进行悬吊保护，如图 8.6 所示。

图 8.6　10 kV 电力悬吊保护

（2）10 kV 及以上电缆，影响学校、医院、消防、政府办公等重要通信设施（横跨基坑类）。

保护措施：管线外层用 PVC 管包裹，其次用防火布包裹，包裹后的管线放置于钢桁架制作的管线保护箱内，保护箱则放置于支撑梁上方或根据受力计算上方是否需增设贝雷梁悬吊，保护箱两侧张贴保护标语及管线标识牌，如图 8.7 所示。

图 8.7　横跨基坑类悬吊保护

（3）一般通信管线（横跨基坑类）。

保护措施：主要采用槽钢保护。沿线敷设警示带，槽钢两端采用预埋件或钢筋砼支撑固定，如图 8.8 所示。

图 8.8　一般通信线悬吊保护

2. 纵跨基坑类

保护措施：对于基坑上方有砼支撑梁的结构，由内到外，管线第一层采用塑料波纹管包裹，第二层用绝缘带包裹，第三层用防水带进行缠绕，放置于砼支撑上，对无砼支撑梁，按照基坑侧壁类进行保护，如图 8.9 所示。

图 8.9　纵跨基坑类悬吊保护

3. 基坑侧壁类

保护措施：位于基坑侧壁的管线，使用电缆线槽进行保护，并在接头处使用围挡隔离保护，如图 8.10 所示。

图 8.10　基坑侧壁类保护

4. 裸露地表类

保护措施：用麻袋包裹，外部用槽钢进行硬防护，外部涂刷宽度为 15 cm、与地面呈 60°的黄黑相间油漆，如图 8.11 所示。

图 8.11　裸露地表类保护

8.6.2.2　供水、雨污水、燃气及其他类横跨基坑管线

所有需横跨基坑的供水、雨污水等管线，不得有承插式接头，更换材质和

接头方式并对接头增设抱箍加固，外包裹黄黑相间的警示带后用贝雷梁进行悬吊保护如图 8.12 和 8.13 所示。贝雷梁两端制作 100 cm×50 cm×25 cm 砼基础置于冠梁上，并在梁两端设置斜撑防止倾覆。注：燃气管线外侧须包裹一层防火布。

图 8.12　燃气悬吊保护

图 8.13　自来水悬吊保护

8.6.2.3　架空线保护

1. 临近架空线或架空下方的保护

保护措施：用型钢或钢管制作安全高度限高架，架空线下方限高架顶铺设 PVC 材质绝缘防雷电防护棚，限高架上涂刷黄黑相间警示线，并设立警示标识，如图 8.14 所示。

图 8.14　架空线保护

2. 电缆、通信杆的保护

保护措施：电杆四周采用 10 cm 方管设置高度不低于 1.5 m 的硬防护，其上粘贴安全标语及相关宣传标识，如图 8.15 所示。

图 8.15　电缆、通信杆保护

8.6.2.4 非裸露于地表管线保护

保护措施：浅埋管线地面用油漆标识出管线区域，并设置隔离区，保护区地表铺设 2 cm 厚钢板，如图 8.16 所示。

图 8.16 非裸露于地表管线保护

8.6.3 管线保护方案

1. 探沟开挖

（1）为了在施工过程中进一步确定燃气管（自来水管）线位置，保证所有管线的安全，在施工前采用探沟开挖的方式（见图 8.17），确定管线位置及施工范围内管线情况。在管线探挖完成前，施工区域不得堆放各种杂物、设备，各种车辆不得进入本区域，不得进行其他开挖作业。

成立 5~8 人的探沟开挖及管线保护施工队，专门负责探沟开挖工作。管沟开挖前应根据已经了解的情况进行现场交底，并形成书面资料。设 1 名对管线情况相对了解的工程师为队长，负责本队人员的安全及文明施工，同时负责检查队员挖出的地下管线是否被破坏，发现问题要及时上报项目负责人。开挖时必须小心，用铁锹轻轻挖掘，发现土质发生变化时应改用木锹将覆盖物清除干净，以保证不损坏地下管线。

（2）根据各管线产权单位提供的相关资料，在管线情况比较复杂难以确定管线具体位置的地方采用开挖探沟的方式，首先沿施工现场需开挖范围周边开挖四条探沟，再根据管线综合平面布置图及周边开挖的探沟所露管线，垂直其管线每隔 10 m 挖一条长度 2 m 左右探沟，确定管线走向，发现有地下管线时需扩大范围。探沟放坡要符合设计及相关要求。

（3）在开挖过程中，发现地下管线时要及时报告现场工程师，在现场工程师的指导下扩大探挖范围，探明管线的种类、规格、走向和深度并作详细记录，收集探出的管线影像信息、标高信息，并上图，同时要清除管线周边的大块石，如探出的管线为自来水管和燃气管，上部必须要有一定的浮土。

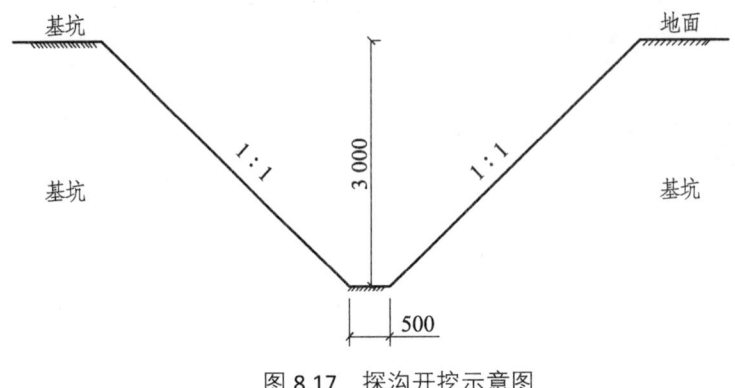

图 8.17　探沟开挖示意图

2. 燃气管（自来水管）线保护

（1）探沟探出的燃气管（自来水管）需保证其上有一定浮土，开挖必须采用人工方式，作业前进行技术交底，避免野蛮施工，悬吊保护段按一定间隔设置"燃气管（自来水管）线，注意保护"安全警示标志牌。

（2）探挖出的燃气管（自来水管）沟要做好封堵和排水，降雨后立即组织排水。

（3）现场准备数量足够的水泵。

（4）加强现场值班管理力度，做好防盗、防破坏工作。

3. 燃气管（自来水管）线悬吊保护

燃气管（自来水管）线悬吊保护前，应将管线整体挖出，检查管线的外保护层完整性，若完整性完好、无明显破损，方可进行悬吊保护体系的安装，若外壁保护层有损伤，则立即通知产权单位来现场确认。

大部分基坑内的燃气管（自来水管）线采用贝雷架进行悬吊保护，贝雷梁采用3 m标准节段拼装而成，梁高1.5 m。

4. 贝雷梁安装

贝雷梁施工安装时注意对管线的保护，严禁施工机械接触管线。某车站管线悬吊选用不加强双排单层贝雷片，每排8片，贝雷梁截面尺寸为1.5 m×0.9 m。在两端冠梁上进行测量放样，定位出贝雷梁准确位置，在放线部位的冠梁表面垂直方向每边预埋两块500 mm×200 mm×10 mm的钢板，钢板紧贴基坑内侧。使用吊车对贝雷梁进行架设，贝雷梁每两片为一组，吊车首先安装一组贝雷片，再安装另一组贝雷片，同时与安装好的一组贝雷梁用贝雷片剪刀撑进行连接。依此类推便完成了整个贝雷梁的安装。安装完成后使用汽车吊对贝雷梁进行整体吊装，在冠梁放线部位架设好后与预埋钢板焊接使贝雷梁固定。单片贝雷架如图8.18所示。

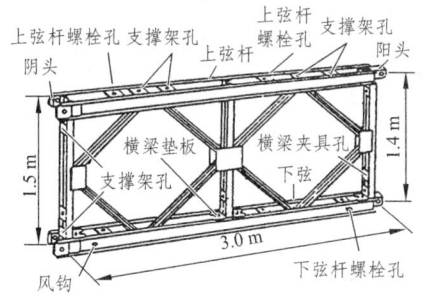 

图8.18 单片贝雷架图示

每片贝雷片重量按照0.3 t计算，16片贝雷片组装成的贝雷梁重量为4.8 t，总长度24 m。贝雷梁采用50 t吊车进行起重作业，汽车吊距离贝雷架中心位置不得大于16 m，臂长不得大于44 m（此时最大吊重7.1 t），起重臂仰角不得小于30°并且不大于78°。吊点3布置在第4、5贝雷片之间，2、7贝雷片中间，吊点1和3的钢索之间的夹角小于90°，如图8.19所示。

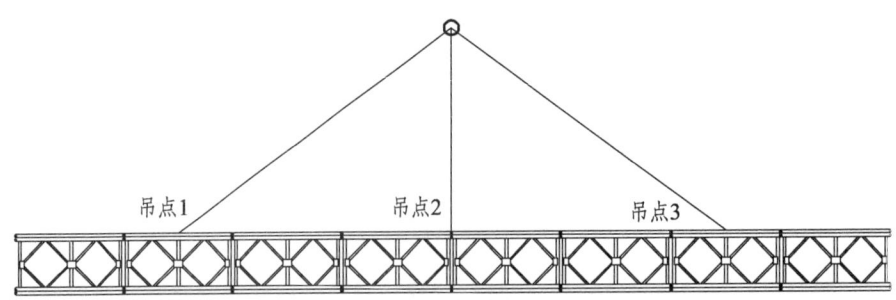

图 8.19　吊点布置示意图

在贝雷梁安装过程中，吊车安排专人指挥，并且对需悬吊采用临时防护罩进行防护，防护罩使用 C18 钢筋焊接，钢筋纵向间距 300 mm，横向间距 100 mm，外侧满铺钢丝网。截面尺寸为 30 cm×30 cm，长度为 1 m 一节。防止吊装坠物，损伤管线。并且在防护罩外做上警示标牌，安装完成后撤掉防护罩。管线外层防护图如图 8.20 所示。

图 8.20　管线外层防护图

在贝雷架两端设置围护栏杆并悬挂严禁翻越、禁止通行的警示牌以及黄色安全标志牌，在贝雷梁两侧安装 LED 警示灯，防止施工时机械碰撞。

每天 24 h 安排人员对悬吊结构及管线进行巡查、防护，并安排专职人员定期检查贝雷桁架纵梁连接处的销子、螺栓等松动情况，对于螺栓、螺帽、销子出现松动的部位要及时紧固。

施工时安排专人指挥施工机械施工，防止施工过程中施工机械及重物触碰悬吊结构及管线,机械指挥人员、管线防护人员及机械司机通过对讲机进行沟通。

5. 管线悬吊

燃气管(自来水管)线外侧需包裹一层防火布,阻热、隔光,再粘贴黄黑相间的警示带。

燃气管(自来水管)不能与型钢或钢筋直接接触,应采取隔离保护措施,在型钢上放置1cm厚的橡胶软垫。

长期悬吊管线采取锡箔纸包裹外缠麻袋和防紫外线措施,麻袋定期浇水,保证湿度。

保证悬空管道2m区域内(指水平净距)无明火散发地点,不足2m的应用阻热、阻燃材料遮挡保护。

燃气管(自来水管)线悬吊保护示意图如图8.21所示。

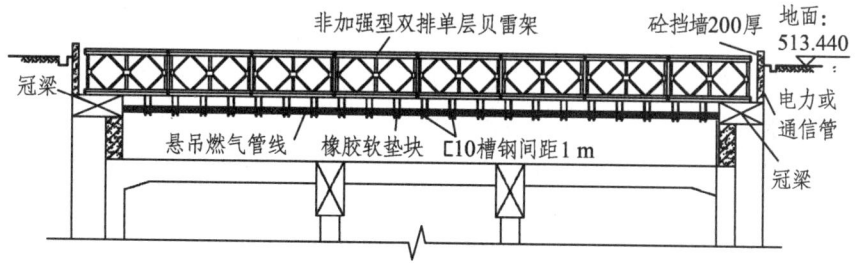

图8.21 燃气管(自来水管)线悬吊保护示意图

6. 贝雷梁悬吊管线恢复

1)回填。

当回填到燃气管(自来水管)线下50cm时,在管线下方间隔3m砌筑高50cm,宽24cm支墩。支墩与管线间用沥青油麻支垫。然后在管线下回填细砂,并夯实。

拆除悬吊结构后,管线两侧按照回填的要求夯实。

2）贝雷梁拆除。

（1）贝雷梁拆除工作的重点在安全，所有现场施工人员首先必须树立安全意识，遵守安全操作规程。

（2）起吊由专人指挥，定期对起重索具进行检查，起吊前应检查贝雷梁是否完全分离，吊物时，吊臂与被起吊物下严禁站人。

（3）悬吊结构 U 形螺栓及钢丝绳拆除时要隔一拆一，以防止因下方支垫不牢固对管线造成损伤。

8.6.4 管线保护交底

8.6.4.1 管线旁站管理制度

1. 旁站人员要求

旁站人员需由项目管理人员担任，并经产权单位和项目进行管线保护的专项培训、交底。

2. 旁站职责

（1）对管线保护工作负直接监管责任。

（2）对现场管线施工作业进行监督管理——检查作业环境、安全防护设施和警戒等措施是否到位；制止或纠正违章指挥、违规作业、违反劳动纪律的行为；有权停止危险状况下的施工作业并督促隐患整改措施。

（3）发生管线事故（件）时，按照突发事件信息报送要求，及时上报信息。

3. 旁站范围

工地现场所有管线施工作业。

8.6.4.2 管线分级

（1）一般管线：10 kV 以下电缆；φ 500 mm 以下供水管；φ 1 000 mm 以下雨污水管。

（2）重大管线：10 kV 及以上、110 kV 以下电缆；φ 500 mm 及以上、

φ1 000 mm 以下供水管；φ1 000 mm 及以上、1 500 mm 以下雨污水管；一般通信线缆；中低压燃气管。

（3）特别重大管线：110 kV 及以上或国防用电（光）缆；φ1 000 mm 及以上供水管；φ1 500 mm 及以上雨污水管；国防（通信），影响学校、医院、消防、政府办公等通信的线缆；高压燃气管。

8.6.4.3 管线施工"十不准"

（1）责任不明确，未建立管线保护责任制，未明确各级人员职责。

（2）调查不清楚，无管线图纸资料、管线调查不清楚、未落实管线"双确认"要求、未与产权单位建立有效联系。

（3）交底不到位，未编制管线保护专项方案、未完成管线保护专项方案审批、未编制管线保护手册、未对施工管理及作业人员进行安全教育培训及技术交底。

（4）条件未确认，动土作业前未按分级管理要求报监理组织施工安全条件确认。

（5）工序未报备，涉及管线施工，未向指挥部、监理进行工序报备。

（6）标识不清楚，管线施工前，现场未设立管线标识标牌或标识标牌内容不全。

（7）旁站不到位，"管线安全保护专员"配备不到位，无专人指挥、旁站。

（8）措施不到位，未坚持"先探后挖"，未坚持探槽（坑）人工开挖，作业区域开挖环形沟槽开挖至管线底以下 50 cm，且最小深度 3 m，已探明管线周边 50 cm 范围内严禁机械施工。

（9）机械管理不到位，未设置机械设备钥匙保管专员、未对现场机械设备钥匙进行统一管理、发放。

（10）监测不到位，未建立施工过程中影响范围内的管线沉降监测系统并进行有效监测。

8.6.5 管线保护工作手册

8.6.5.1 主要依据

根据政府、产权单位、业主相关管理规定和细则落实管线保护。

8.6.5.2 管线施工管理程序

管线施工管理程序如图 8.22 所示。

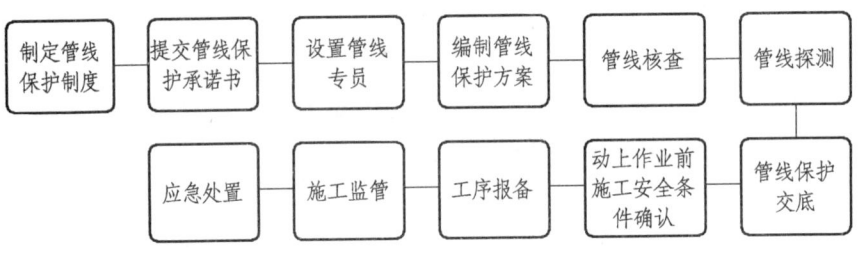

图 8.22 管线施工管理程序

8.6.5.3 主要内容

1. 实施前的保护措施

实施前的保护措施如图 8.23 所示。

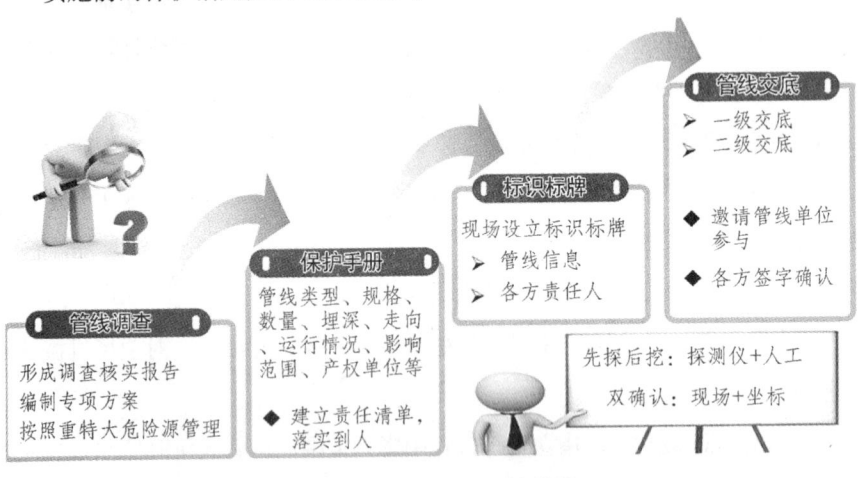

图 8.23 实施前的保护措施

（1）管线施工或临近管线区域在动土作业安全条件确认前，每条管线实行交底;交底内容须明确管线类型、规格、平面位置、埋深、材质,运行状况、保护措施、影响范围、施工方式等各项参数,如图8.24所示。

图 8.24 管线交底

(2)管线双确认:相关单位现场确认及坐标确认,如图8.25所示。

图 8.25 管线双确认

(3)管线实行分级管理,管线施工前安全条件确认,如图8.26所示。

图 8.26　管线安全条件确认

2. 实施中的保护措施

实施中的保护措施如图 8.27 所示。

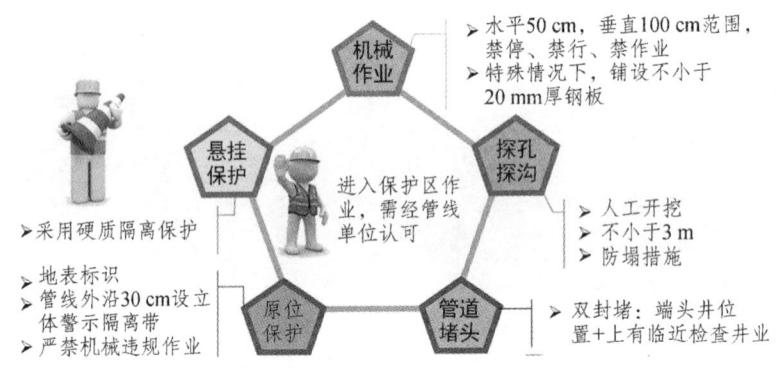

图 8.27　实施中的保护措施

（1）每个施工点应配备不少于 2 名的专职管线安全保护专员，如图 8.28 所示。

第 8 章 管线迁改和保护

图 8.28 管线专员旁站

（2）先探后挖。

以人工开挖探孔、探槽（沟）方式进行探测（见图 8.29）。盾构区间上方不明地段、联络通道、加固区域及其降水井均需进行管线探测。土方开挖区域破土前需沿开挖边界线人工开挖环形探槽（沟），每个桩及注浆孔破土前，需在孔位采用人工开挖探孔，探孔及探槽（沟）须挖至地面 3 m 以下。

图 8.29 探孔施工

8.6.5.4 安全条件确认单

一般管线施工（动土前）安全条件确认单

至_____（监理单位）： 　　根据_____,我部在_____处施工作业，相关准备工作已完成（见附件），请予以批准。 　　　　　项目经理（签字）：　　日期： 　　　　　施工单位（盖章）：
监理单位审核： 　1.作业处既有管线是否查明　是□ 否□ 　2.既有管线交底和动土作业方案是否交至作业层　是 □ 否□ 　3.项目部现场责任人是否落实是否已到位　是 □ 否□ 　4.作业处既有管线是否已放样　是□ 否□ 　5.安全防护措施是否已落实　是□ 否□ 　6.监理要求的其他事项是否已经落实　是□ 否□ 　7.是否符合《地下管线安全卡控红线》《成都轨道交通建设工程市政管线保护管理规定》文件要求　是□ 否□ 　　　　　专业监理工程师：　　日期：
总监审批意见： 　　　　　总监：　　　日期： 　　　　　监理单位（盖章）：

（a）

特别（重）大管线施工（动土前）安全条件
确认单

工程名称		验收日期	
施工单位		监理单位	

安全条件验收内容：
  1.设计单位对结构施工图、各专业管线迁改施工图、周边管线现状、车站站位与各管线平面位置关系等交底。
  是□否□　备注：
  2.安全协议的签订情况．
  是□否□　备注：
  3.重要管线迁改保护方案、管理制度、管理手册的编制情况。
  是□否□　备注：
  4.施工现场管线平面图的绘制情况。
  是□否□　备注：
  5.符合《地下管线安全卡控红线》《成都轨道交通建设工程市政管线保护管理规定》。
  是□否□　备注：
  6.重要管线的基本信息：
  管线类型（材质、大小等）：

  管线埋深：

  管线坐标：

  标识标牌标准化：

  探挖过程及周边环境安全情况：

（b）

图 8.30　安全条件确认单

8.6.6 管线应急交底

8.6.6.1 总则

8.6.6.1.1 总体要求

管线施工前，各项目建立健全管理机构，配足相关管理人员及设施。根据现场管线实际情况，结合本手册要求制定管线应急预案。

8.6.6.1.2 管线应急指挥小组（以某指挥部为例）

组　　　长：指挥长。

常务副组长：常务副指挥长。

副　组　长：副指挥长、安全总监、各后台公司分管安全和生产的领导。

组　　　员：安监部、工程部、前期协调部主要负责人，各项目经理。

8.6.6.2 突发事件信息报送要求

8.6.6.2.1 突发事件信息报送原则

遵循"信息全报、分级处置""边核实边报告、边处置边报告"的原则。

遵循"首报要快、续报要准、终报要全"的原则。

遵循"快报事实，慎报原因，不轻易定性"的原则，严禁瞒报、谎报、迟报。

8.6.6.2.2 突发事件信息报送程序

突发事件发生时，实行"双通道"同步报送：

通道一：项目经理直接上报指挥部常务副指挥长及指挥长，常务副指挥长接报送信息后，第一时间报送业主单位主职领导。

通道二：项目安全总监直接上报指挥部安全总监，指挥部安全总监接报送信息后第一时间报送业主单位分管安全的副总。

要求项目经理须将相关信息同步报送监理单位的总监及分管副总监；项目生产经理须第一时间将相关信息报送指挥部分管生产的副指挥长，便于第一时间联系业主及产权单位组织抢修工作。

8.6.6.2.3 突发事件信息报送时效性（5 min 首报，20 min 续报，处理完后终报）

发生突发事件时，事发工区的信息报送由项目经理和安全总监在 5 min 内采用电话和短信方式按照报送程序进行首报，说明突发事件的基本情况；20 min 内按照报送程序进行书面续报，根据掌握的准确信息对首报进行更正和完善；事件处理完毕后，需项目部向指挥部主职领导以书面的形式进行信息终报。

指挥部领导须在接信息 2 min 内完成对业主的报送工作。

项目经理报监理单位总监及分管副总监、生产经理报指挥部副指挥长的时效参照以上内容执行。

8.6.6.2.4 突发事件信息报送内容

（1）信息报送内容模板详见附件一。

（2）如涉及对外报送的，书面材料须由指挥部主要领导审核后方可对外报送。

（3）要求项目经理、安全总监、生产经理、协调经理将模板内容储存于手机中。

附件一：

一、事件首报模板（5 min 以内编辑完成，电话和短信汇报）

模板：20__年__月__日__时__分，某工程项目施工单位_____，监理单位_____，总承包单位_____；在_____地点发生了一起_____事件，目前现场情况：_____，造成的后果_____，已采取的措施_____。

范例：20__年__月__日__时__分，某工程项目施工单位____，监理单位_____，总承包单位_____；在_____地点发生了一起 1 台挖机在沟槽开挖过程中误爆水管的事件。目前现场情况：已停工，正在关阀门。总包安全负责人、项目经理、监理总监正在对现场情况进行现场调查。造成的后果：事件造成 1 小区停水。已采取的措施：1.项目部、监理部启动应急预案；2.正在关闭水管上游阀门；3.正在安排专人与小区物业进行解释沟通并已联系产权单位实施抢修工作，同时做好饮用水应急保障。预计恢复时间：预计 4 h 内恢复施工。

二、事件续报模板（20 min 以内，续报要准，可以对首报进行纠正）

模板：某工程项目___事件（续报第___次，__：__分）：20__年__月__日，某工程项目施工单位_____，监理单位_____，总承包单位_____；在_____地点进行_____作业，发生_____事件，现场_____，安全措施_____，应急措施_____，目前措施_____。

范例：某工程项目____事件（续报第___次，__：__分）：20__年__月__日，某工程项目施工单位_____，监理单位_____，总承包单位_____；在_____地点进行沟槽开挖作业，发生误爆水管事件，安全措施：1.现场全面停工；2.水管上游阀门已关闭；3.周围50 m范围内已隔离、警戒。应急措施：1.项目部、监理部启动应急预案；2.已与小区物业沟通，1天内恢复供水，物业已向居民发通知，同时安排水车保障应急饮用水供应。目前措施：已联系抢修队前来抢修；现场已开展事件内部调查；排查现场有关作业存在的问题。预计修复时间：现场排查的问题预计1天内完成整改。具体复工时间根据事件调查结果确定。

8.6.6.3 现场应急处置措施

8.6.6.3.1 给水现场应急处置措施

（1）给水管线渗漏、爆管后，工程项目实施单位必须立即停止作业并在15 min内关闭管线上游阀门，同时对受关闭阀门影响的用户做好解释沟通工作，避免用户举报投诉。

（2）立即启动应急预案，给水管线破裂处四周应采用沙袋堆码并及时抽排，防止水流扩散至围挡外侧。

（3）立即对管线破损周边50 m处实施隔离警戒，严禁无关人员进入警戒范围。

（4）立即通知给水公司抢修队前来进行抢修。

（5）抢修完成后应对维修好的部位重点加以保护，避免出现二次破裂。

8.6.6.3.2 燃气现场应急处置措施

（1）燃气管线渗漏、爆管后，工程项目实施单位必须立即停止作业并在15 min内关闭管线上游阀门，立即将泄漏区周围至少隔离50 m；撤离非指派人员；现场停留指挥人员在上风向，非必要时，严禁进入地势低洼地区。同时对受关闭阀门影响的用户做好解释沟通工作，避免用户举报投诉。

（2）立即设置警戒区，疏散人群，禁止无关人员进入警戒范围。

（3）立即禁止车辆通行，机械熄火，杜绝一切火源、电源。

（4）立即用开花水枪对泄漏区域进行稀释。

（5）立即通知燃气公司抢修队前来进行抢修。

（6）对维修好的部位应加以重点保护，避免出现二次破裂。

8.6.6.3.3 电力现场应急处置措施

（1）发生事故险情后，工程项目实施单位必须立即停止作业，现场负责人立即组织人员撤离危险地点，尽快将发生危险的区域的 30 m 范围进行有效的隔离，并通知项目部立即委派至少 4 名安全人员，佩戴好绝缘防护用品在现场进行警戒，防止闲杂人等进入危险区域。

（2）立即通知电力单位前来抢修，尽量控制事态。

（3）立即指定协调专员对受影响区域的用户作解释沟通，避免投诉。

（4）对维修好的部位应重点加以保护，避免出现二次损坏。

8.6.6.3.4 通信现场应急处置措施

（1）出现损坏通信线路情况时，工程项目实施单位必须立即停止作业，隔离并保护现场，防止事态扩大，同时对受影响的用户做好解释沟通工作，避免用户举报投诉。

（2）立即启动应急预案，通知通信管线维修部门进行现场维修。

（3）立即在管线破损周边 20 m 处实施隔离警戒，严禁无关人员进入警戒范围。

（4）管线权属单位或应急救援队伍抢险维修时，施工单位应当积极配合，协助做好抢险维修工作，并配合有关部门开展事故调查工作。

（5）对维修好的部位，应重点加以保护，避免出现二次破坏。

8.6.6.4 具体工作要求

（1）工程项目实施单位完成对涉及的自来水和燃气管线两端的阀门位置进行调查并绘制平面位置示意图，同时调查该阀门关闭后受影响的用户范围。

（2）工程项目实施单位在施工生产时，严禁覆盖施工区域内的管线阀门井。

（3）工程项目实施单位施工生产前须进行管线探挖，并对管线进行双确认（产权单位及监理），并邀请产权单位对该站点做管线交底，相关资料报指挥部前期协调部备案。

（4）工程项目实施单位须与管线产权单位做好日常的沟通交流工作。

（5）工程项目实施单位加强对项目管理人员、施工实作人员的管线交底工作。

（6）工程项目实施单位在主体结构施工前，须配备管线应急处理物资，如表 8.1 所示。

表 8.1 各种类型管线需配备物资需求表

序号	管线类型	需配备物资
1	自来水	4 台水泵（25 m³/h）、500 m 水管（Φ90、Φ85、Φ50）、2 把专用扳手、10 双水靴、50 个沙袋
2	燃气	1 台鼓风机、2 把专用扳手、1 辆洒水车或消防水管
3	电力	3 根绝缘棒、5 双绝缘靴
4	共性	1 台移动式排水车（指挥部配备）、3 对对讲机、5 把应急手电、1 套应急药箱、10 把铁锹、5 卷警示带、5 卷铁丝、3 根撬棍、3 个老虎钳

8.7 工作建议

鉴于中石油高压燃气（长输管道）迁改工作本身难度大、周期长的特点，结合项目迁改情况，建议项目做好以下工作：

（1）协调业主单位将迁改工作书面委托由项目实施，由项目与中石油单位签订合同，对于合同签订过程应高度重视主动作为，优化合同签订流程，达到减少合同签订周期的目的。

（2）对迁改路由进行详细调查，复核前期勘察资料，确保现场勘察仔细、精准、全面，保证迁改方案的科学性与可行性。

（3）寻找专业、经验丰富、资源充足的施工队伍。

（4）对于材料招采和生产，应当加大协调力度，专人跟进生产进度。

（5）成立专项领导小组，指定专人跟进中石油迁改进展，定期召开专题推进会，遇卡点要及时上报领导小组启动对应的措施，借助政府及项目后台公司的资源加速协调推进。

第 9 章 高压输电线路迁改

高压输电线迁改手续由业主单位负责办理，其中高压输电线路工程环境保护与水土保持工作及验收由施工单位负责。迁改方案主要包括前期准备、施工设计、安全措施、环境保护、工期和成本控制、质量保证以及风险控制等方面的内容。

（1）前期准备：进行工程前期的勘察和规划，确保施工计划的合理性。

（2）施工设计：①工程范围：涵盖需要迁改的全部高压输电线路。②施工步骤：包括前期准备、结构和设备改造、线路迁移、配套设备布置和后期检验。

（3）安全措施：搭建安全围护网，对施工人员进行必要的安全培训，对使用的施工设备进行定期检查，制定应急预案。

（4）环境保护：对施工过程中产生的垃圾进行分类处理，施工结束后对施工现场进行清扫，对污水进行处理。

（5）工期和成本控制：合理安排工期，进行资金预算，合理分配和使用预算，对工程进度进行管控。

（6）质量保证：对施工过程中的关键节点进行检验，建立完善的质量管理制度，对施工过程进行全面监控。

（7）风险控制：确保施工方案符合国家及当地的相关政策规定，优化建设方案，争取早日开工建设并投入使用。此外，高压输电线路迁改工程还涉及具体的技术细节，如根据设计要求确定变电站的新的接入点和供电方案，在接入过程中对供电设备进行检查和测试，以及做好与供电部门的沟通和协调工作，确保供电过程顺利进行等。须提前启动环水保评价的报审及向空管局发送的净空申请文件拟定，进一步压缩手续办理周期，一次性迁改到位，在前期阶段节约施工成本。

9.1 高压输电线具体分布

高压线路架设一般位于郊区或城市连接地带，电塔架设位置一般为基本农田或者一般耕地。以成德线德阳段项目为例，将线路里程作为基准进行沿线统计，不符合施工作业，桩基等下部结构、架梁施工等上部结构的安全距离，均需进行迁改，具体以 220 kV 及 110 kV 为标准进行分类统计，形成迁改工作图，如图 9.1 所示。

9.2 高压输电线迁改流程

在高压供电线路迁改的施工中，有四个主要阶段，一是土建施工阶段，二是电缆和设备安装阶段，三是新旧线路割接投运阶段，四是拆除旧有设备和线路阶段。在每个阶段都要有相应的施工方案和安全技术规范，还要考虑到突发情况的影响，编制好应急方案。在土建施工阶段，由于工期比较长，而且是与管线单位和道路总包单位协调最为频繁的阶段，因此一定要注意文明施工，做好安全围蔽的工作，如果需要在路口施工，则有可能造成交通堵塞，一定要在与交管部门协调之后，合理地进行施工安排。在电缆和设备的安装阶段，首先要完成电缆和设备的选型工作，要按照国家电网入选采购目录选择，并上报给业主和监理部门确认，其次要选择电缆敷设的方式，根据工作条件、环境特点、路径和电缆类型的不同，可以选择直埋敷设、排管敷设、隧道敷设和电缆沟敷设等等。在施工之前要对现场的到货电缆进行勘察，确定电缆的实际长度，然后再对敷设线路进行勘察，对管道地沟的位置、大小、标高、地面和地下障碍物等进行准确的了解，并根据电缆的实际长度确定电缆接头的位置。在确定之后，要与建设单位进行协商，在保证正常用水用电的前提下，对原有电缆线路和地面的障碍物进行拆除，并利用挖掘机进行电缆沟的挖沟工作，保证沟底的平整，并在底部铺设一层石粉。高压输电线迁改流程如图 9.2 所示。

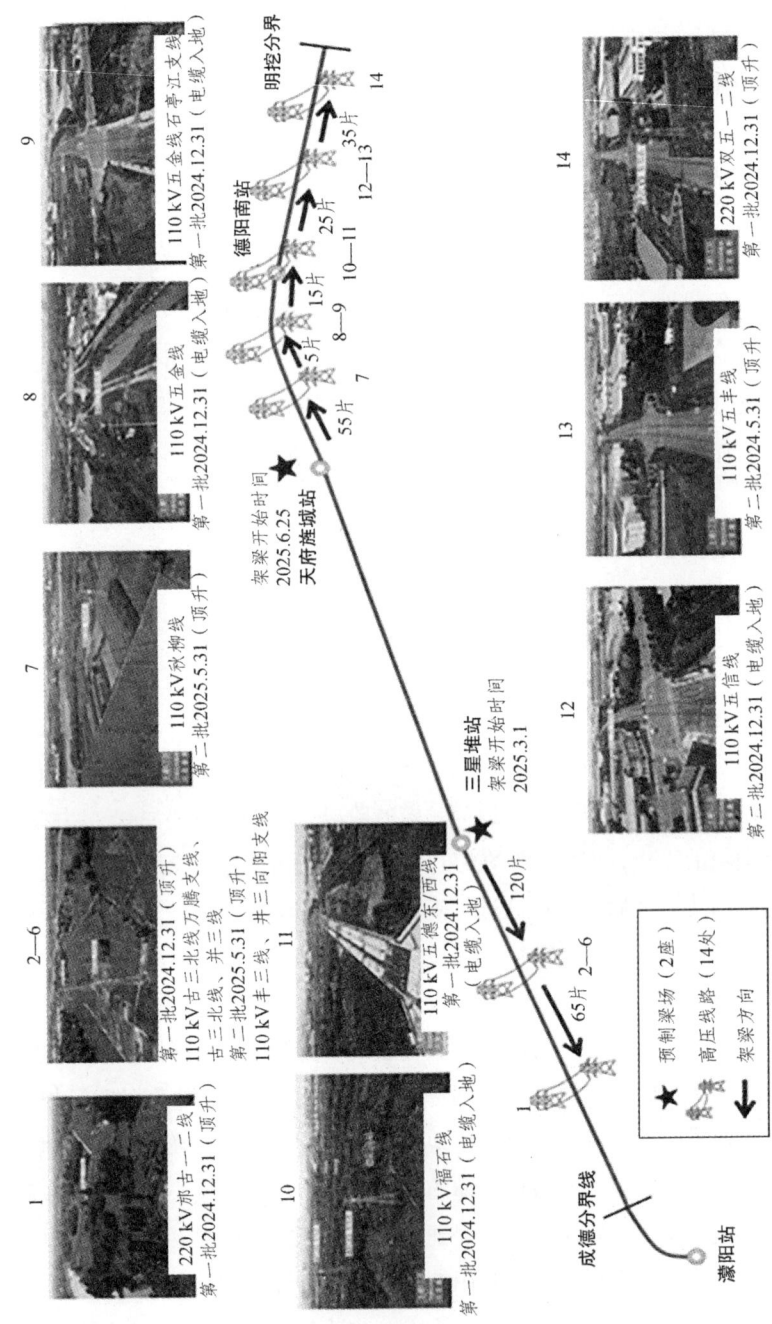

图 9.1 高压输电线迁改工作图

第 9 章　高压输电线路迁改

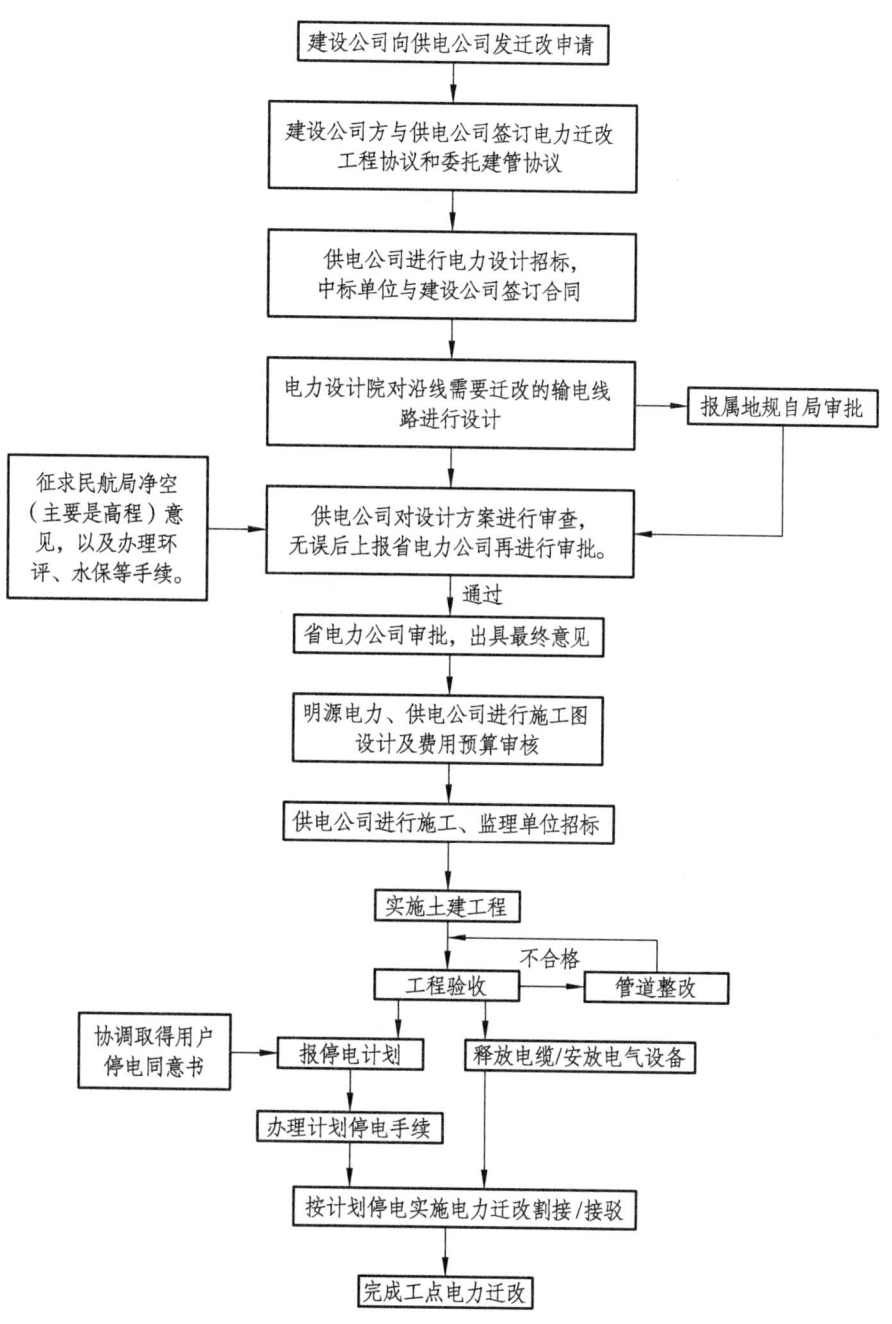

图 9.2　高压输电线迁改流程

121

9.3 高压输电线迁改计划

停电计划的制订十分复杂，结合本项目实际特点，停电计划及迁改方案需报至四川省电力公司审批，停电时段需同时保证在用电高峰期之前，且须避开迎峰度夏、迎峰度冬、节假日等时间。迁改路由涉及房屋拆迁，下穿铁路，新建塔基涉及占用土地，综上考虑，高压输电线路迁改流程周期较长。其中，110 kV 迁改计划由市级供电公司进行拟定，220 kV 及以上线路由省电力公司决定，且停电窗口期为 1 年 1 次，加上两年内实施迁改的线路不得重复迁改，更加保证了迁改效率，避免多次迁改对用户造成停电影响。

9.4 迁改方案的确定与落规

迁改方案以迁改路径图形式，报属地村镇、自然资源和规划局进行盖章确认后，方可上报市级供电公司进行备案审核。在落规之前，线路应充分结合项目、所处地段特点，制订最优计划。以本项目为例，迁改路由涉及房屋拆迁，新建塔基涉及占用土地，方案审批环节多，涉及省空管局、省供电公司、市环保局。由项目业主单位与市级供电公司完成委托建管协议签订后，市级供电公司启动电力设计、施工、监理单位的挂网公开招标工作，因流程较长，电力设计单位通常同步开展迁改路径图的起草编制工作，并在编制过程中，通过项目牵头单位（通常为属地部门或业主单位）组织村、镇进行初步碰头协商，电力设计对线路进行优化，以属地村镇签章为目标，完成第一级审查；获得属地村镇同意后，由电力设计继续报往市级自然资源和规划局，根据自规局建设工程规划和国土资源空间编制，研究中心对迁改线路进行的评估，通常需对比在相应区域内的空间利用情况、土地性质，综合做出判断。

整个落规流程相对较长，在第一级审批中，需对线路经过区域进行现场踏勘，研究具体可行性，包含迁改路由穿越的村镇、基本农田、鱼塘、既有铁路线，综合研判线路迁改方案最终确定的时间，结合工筹考虑方案的可行性。以本项目为例，新建 S11 线路从广汉范围一直延伸到德阳市区范围，途经广汉市范围大量基本农田,直接穿越两处村镇集中房屋,穿越一处池塘,三处铁路线路(铁路西成客专、宝成铁路、东汽专线),通过与铁路部门的对接,可以提前预估线路涉铁手续的完成时间,通过与村镇政府的协调,项目各责任主体深入到具体生产队,了解穿越房屋的可行性,经过评估,穿越20余栋房屋共计需要消耗费用2千余万,且周期较长,特别是220 kV线路正下方及周边电磁辐射范围内的区域,禁止修建建筑物,尤其是以居住为主的自建房屋,因此,确定迁改路由需进行增建新塔的方式,绕行避开既有房屋群。紧接障碍为基本农田,新建塔基需在基本农田范围内设立,高压电塔正下方约20 ㎡区域内,将无法进行相关作物的种植,且占用基本农田手续复杂的同时,国家也明确规定要严守基本农田底线,因此,通过与属地自规局的协商,调取用地性质一览图进行对照,优化塔基设置区域,基本以一般耕地为主,用地手续按临时用地进行办理,相关青苗补偿通过村镇政府对具体农民集体进行协商,补偿费用来源于业主单位对高压线的迁改总概算。进入第二级审批后,主要为属地自规局对迁改路由进行可行性复核,首先为国土空间资源编制研究中心对迁改方案进行初步审查,结合属地市级规划安排(一般为5年计划),评估方案可行后起草迁改项目意见会签表,由编制中心发起审查流程,中心各级领导组织现场勘察,完成签认后进入行政审批流程,责任部门一般为建设工程规划管理科室,并启动工程规划签认流程。两个责任部门完成会签后,上报至分管副局长审批,最后由局长签发。结合本项目特点,因迁改线路量大,涉及范围非常广,对于迁改路由穿越铁路线、中大型输油管道、重要河渠河堰还需水利局、铁路局、管线产权单位的确认信息,因此,为便于高压迁改后续流程的正常进行,保证S11线建设的顺利推进,由市自规局暂时先出具初步意见,待各方确认回复后,由市自规局办理正式批复并报省、市供电公司备案。

9.5　净空审批意见的取得

中国民用航空局、自然资源部联合印发了《民用机场净空保护区域内建设项目净空审核管理办法》（民航发〔2023〕1号），按照文件要求，机场净空审核内容为：建设项目对机场障碍物限制面、目视助航设施保护区、飞行程序及运行最低标准、最低监视引导高度、民用航空无线电台（站）场地保护和民用机场电磁环境、民航气象探测环境等的影响。其中就有一条电磁影响，因此按照本办法要求，需要净空审核的建设项目，地方自然资源主管部门在审批建设项目工程规划许可前，应当征求机场所在地民航地区管理局净空审核意见。高压迁改项目要结合实际情况，将净空影响的情况，上报至属地自然资源局进行汇总申报，按空管局文件要求，做好相应矢量资料、标高及坐标位置关系图，最后上报空管局进行审核，且建设项目净空审核工作不得委托或者授权除民航地区管理局之外的单位或者部门实施。

  需要净空审核的建设项目，地方自然资源主管部门在征求民航地区管理局的书面意见时，应当只需向民航地区管理局提供如下材料：征求净空审核意见的函（地方自然资源主管部门提供，原件一份）；建设项目情况说明表（建设单位提供，原件一式五份）；建设项目测绘报告（建设单位提供，原件一式五份）；建设项目用地红线图（建设单位提供，原件和复印件各一份，原件审核后退还）；依据相应保护要求，对民用航空无线电台（站）场地保护和民用机场电磁环境可能存在影响的建设项目，应当提供电磁环境影响评估报告[建设单位提供，原件一份。首次不提供，审核，部门在净空审核过程中，认为对民用航空无线电台（站）场地保护和民用机场电磁环境可能存在影响的，建设单位再单独提供]。报告应当依据相关法规标准，全面、客观、科学地分析建设项目对民用航空无线电台（站）场地保护和民用机场电磁环境的影响；应用遮蔽原则的建设项目，需提供遮蔽物详细资料及遮蔽方案（建设单位提供，一份）。地方自然资源主管部门征求建设项目净空审核意见的函及相关材料可以由建设单位协助送至民航地区管理局。需要净空审核的建设项目在征求民航地区管理局净空审核意见期间，不计入建设项目相关规划许可审批时限。

  因本项目位于中国民航飞行学院附近，对于民用、运输类机场，在以机场基准点为圆心的半径55 km范围外、监视引导区域内，机场管理机构应当将该区域内的最低监视引导高度图转化为最低监视引导净空参考高度，并报送民航地区管理局和地方自然资源主管部门。拟建建（构）筑物最高点绝对标高超过该区域最低监视引导净空参考高度的，依照运输机场净空审核有关程序实施审核，由民航地区管理局出具净空审核意见并抄送空中交通管理机构。故市郊地区高压电塔新建后标高普遍在 40~50 m，是否超过文件规定要求，需前往空管部门进行"一张图"的详细比对后确认，若出现超过的情况，需出具审核意见。

净空审批意见的相关函件发出后，民航地区管理局应当在正式接收净空审核材料后的 15 个工作日内出具净空审核意见，并抄送机场管理机构和空中交通管理机构。

9.6 环水保评价报告的工作内容及流程

环水保评价全称为环境影响评价报告，是省电力公司对高压迁改各资料审查的要件之一，是对拟建项目或活动可能对环境产生的影响进行分析、预测和评估，提出预防或减轻不良环境影响的对策和措施，编制环境影响报告书或报告表，为项目决策提供科学依据的一种法定制度。根据《中华人民共和国环境保护法》《中华人民共和国环境影响评价法》建设对环境有影响的建设项目，在施工前应取得环境影响评价批复。结合本项目特征，由建设单位就环水保事宜进行书面反委托，由项目直接与环水保第三方配合单位签订合同，并牵头在合同约定期内完成报告编制和审查、现场验收等工作。

工作内容主要有：

① 调查项目概况：详细描述拟建项目的基本情况，包括项目名称、建设单位、项目性质、建设规模、建设地点及其地理位置、工程内容及主要技术经济指标等。

② 环境现状调查：对项目所在区域的自然环境（地形、地貌、气候、水文、植被、土壤等）和社会环境（人口、经济、交通、文化遗产等）进行现状调查和描述，为环境影响预测和评价提供基础资料。

③ 工程分析：详细分析项目的工程特点、工艺流程、生产设备、主要原材料及能源消耗、污染源（废气、废水、固体废物、噪声等）的种类和排放量等。

④ 环境现状监测：根据工程的特点、工艺流程、评价范围、外环境情况开展大气、水、声、生态、辐射等环境要素的监测。

⑤ 环境影响预测与评价：根据相关标准要求开展大气、水、声、生态、辐射等环境要素的环境影响预测与评价，分析项目建设和运营期对大气环境的影响，预测污染物扩散、浓度变化情况，并提出相应的防治措施。

⑥ 环境风险分析：识别和评价项目可能产生的环境风险，制订相应的风险防范措施和应急预案。

⑦ 公众参与：通过问卷调查、座谈会、听证会等形式，征求公众对项目的意见和建议，确保公众的环境权益得到保障。

⑧ 环境保护对策与措施：根据预测和评价结果，提出具体的环境保护对策和措施，确保项目建设和运营中的环境保护工作得到落实。

⑨ 环境管理与监测计划：制订项目的环境管理和监测计划，包括监测内容、监测频次、监测方法和管理措施，确保环境保护措施的有效实施。

工作流程（见图9.3）主要有：

① 环境影响评价工作的委托与启动：项目建设单位委托环境影响评价单位，启动环境影响评价工作。

② 工程分析与环境影响预测：环境影响评价机构根据项目的具体情况，进行工程分析和环境影响预测，编制环境影响报告书（表）。

③ 环境现状调查：环境影响评价机构对项目所在区域进行详细的环境现状调查，收集相关环境基础资料。

④ 公众参与：环境影响评价机构通过公告、问卷调查、座谈会等形式，征求公众对项目的意见和建议，并在环境影响报告书中记录和反馈公众意见。

⑤ 环境影响报告书（表）的编制与报批：环境影响评价机构编制完成环境影响报告书（表）后，提交项目建设单位审核。建设单位审核通过后，将环境影响报告书（表）报送环境保护主管部门审批。

⑥ 环境影响报告书（表）的技术评审：生态环境主管部门组织专家和相关部门对环境影响报告书（表）进行技术评审，提出修改意见和建议。

⑦ 环境影响报告书（表）的审批：项目建设单位根据技术评审意见对环境影响报告书（表）进行修改和完善，提交生态环境主管部门审批。审批通过后，由生态环境主管部门进行公示，公示时间约30个工作日。

⑧ 项目实施中的环境管理与监测：项目建设单位在项目实施过程中，严格按照环境影响报告书（表）中的环境保护对策和措施进行环境管理，并定期进行环境监测，确保环境保护措施落实到位。

⑨ 项目竣工环保验收：项目建设完成后，项目建设单位须按照规定进行环境保护设施的竣工验收，确保各项环境保护措施达到预期效果。

9.7 国家电网市级供电公司对高压迁改方案的初步审查

市级供电公司对工程项目涉及电力迁改问题的要求，大致可以归纳为以下三点：一是强化前期调研，做好规划预留。积极与供电部门对接，全面收集项目高压电力线迁改需求及计划，在沿线控规修编、土地收储出让、市政道路报建等阶段，充分预留线路走廊，引导迁改方案合理布局，减少对城市发展的影响，电力设施迁改必须执行国家、行业发布的技术标准和规范。电力设施迁改使用的工程材料应满足国家或行业的技术规范要求，严禁使用国家、行业强制淘汰产品。二是做好空间管控，坚守规划底线。结合"三区三线"、详细规划、河涌管理线、古树名木、文物保护、历史审批等规划成果，对迁改方案进行严格审核。同时要求迁改方案尽量紧挨项目主体布置，减少夹心地，实现集约节约用地。三是注重现场踏勘，加强事后监管。加强对航片、现状地形图与实地踏勘的对照工作，重点核查迁改项目高压控制线范围内的现状建构筑物的使用情况，收集沿线地方意见，提醒电力部门严守电力项目建设规范并做好避让或拆迁补偿，在规划条件核实阶段进行复查，切实保障群众利益，迁改工程以资金或实物的方式实施补偿，原则上应遵循"依法办理、友好协商、确保质量、确保电网安全"的总体要求，按照"谁受益、谁出资，后建服从先建"的原则，即按原规模、原标准、原功能予以补偿。

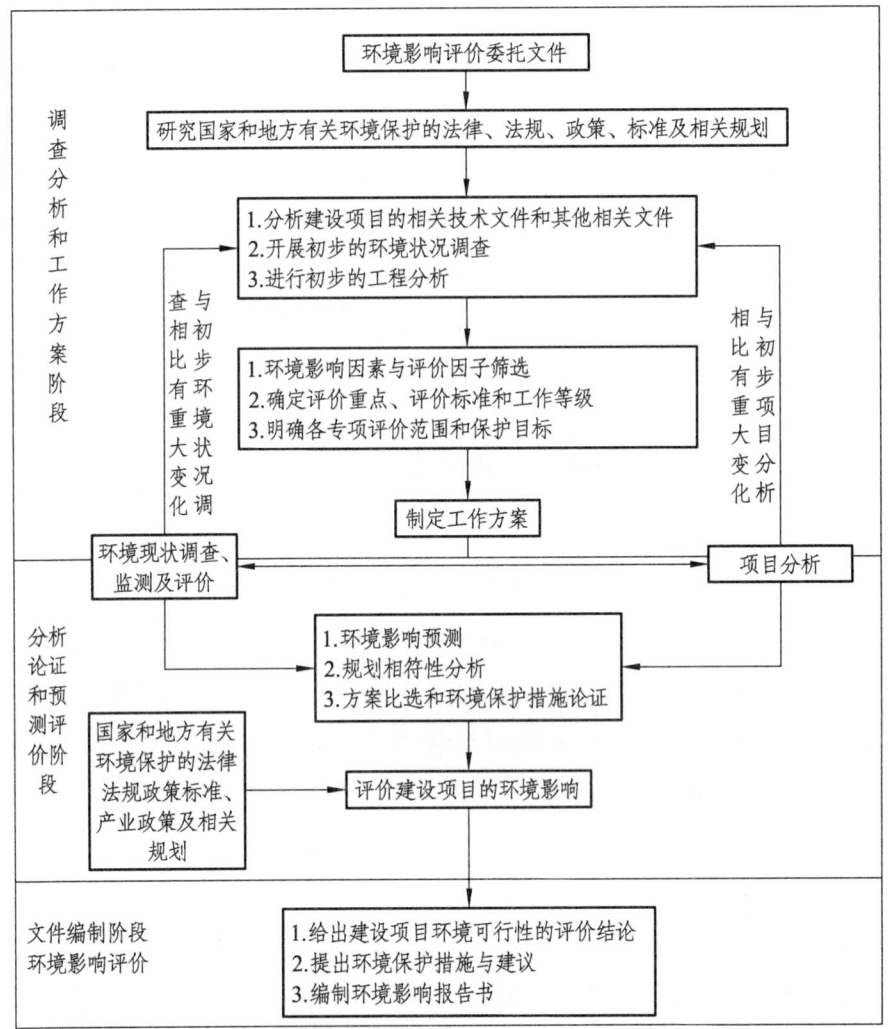

图 9.3　高压迁改环境评价流程

市级供电公司对迁改工程的流程要求：迁改需求单位依据项目建设需要，须以正式公函的形式向电力设施权属者提出电力设施迁改申请，申请材料包括以下内容：阐明电力设施迁改需求的正式公函；标注电力设施位置的迁改需求单位建设项目红线图；对迁改补偿方式的建议；拟建建设工程的有关证明文件，如各级政府部门对迁改需求单位主体建设项目的建设批文或函件、会议纪要等有关支持性文件；电力设施权属者负责组织开展现场勘查和"电力设施迁改可行性评估报告"审查工作后，由迁改需求单位向各级自然资源局申请办理迁改工程的项目规划审批手续。各级自然资源局批复同意后，由电力设施权属者委托设计单位完成迁改工程的施工图设计和预算书编制工作，并将施工图设计和预算书交付迁改需求单位，由迁改申请单位负责对迁改工程的规模、标准等进行把关。迁改工程施工图经中介机构审查后，由迁改需求单位报建设行政管理部门备案。迁改工程实施过程中因现场实际情况确需进行设计变更的，变更的施工图经中介机构审查后，报建设行政管理部门论证、备案。变更施工图预算经迁改需求单位与电力设施权属者双方认可的中介机构审核后，由迁改需求单位与电力设施权属者签订补充补偿协议，纳入项目成本。

9.8 国家电网四川省电力公司对高压迁改方案的审查

省电力公司各部门分工明确，保证工作效率。其中，生产设备管理部一般负责组织制定迁改配合工作管理指导意见，指导各地市供电局（以下简称"地市局"）开展具体的迁改配合工作；对输配电设施迁改可行性研究报告的组织审查和批复和 110 kV 及以上电压等级输电设施迁改可行性研究报告的审查和批复；负责协调 220 kV 及以上电压等级输电线路迁改工程的停电安排，停电计划需至少提前 1 年报省电网调度中心，此项工作必须经由省电力公司统一调度。而地方局的生产设备管理部负责牵头组织落实输配电设施迁改配合工作，负责受理建设单位迁改、申请单位的迁改申请，组织运行单位开展现场勘查，负责组织 110 kV 及以下输配电设施迁改项目的可行性研究报告的审查，批复实物补偿方式的 110 kV 以下输配电设施迁改项目审查意见，上报实物补偿方式下 110 kV 及以上输电线路迁改项目审查意见，上报资金补偿方式下各电压等级输配电设施迁改项目审查意见；牵头组织与迁改申请单位协商起草、签订输配电设施迁改补偿协议，协调110 kV及以下电压等级线路迁改工程的停电安排；组织运行部门开展工程中间验收及竣工验收，配合固定资产的清点与移交。安全监管部组织对资金补偿方式的迁改工程开展安全督查，确保施工安全。简言之，即220 kV及以上电压等级输电线路迁改方案由省级电力公司协调，110 kV及以下电压等级线路迁改授权地方局进行协调监管。计划发展部负责针对资金补偿方式进行的输配电设施迁改项目下达编号；参与220 kV及以上电压等级输电线路迁改方案可行性研究报告的审查。

迁改工程的总承包单位，设计、监理、施工单位必须具备相应的资质，在国家电网公司或四川省电力公司完成了资信备案，并在迁改实施过程中安排专人负责管理和协调工作。地市局输电所或县区局应在迁改工程实施前检查核实总承包、设计、监理、施工单位相关资质证明。

省电力公司对迁改工程使用的材料要求严苛，应满足国家电网公司或四川省电力公司设备技术规范要求，并在下辖各运行单位中有三年及以上可靠运行经验。地市局输电所或县区局应在施工前查验材料的试验报告、运行业绩等资料。

省电力公司对设计阶段的管理要求：施工图必须经过地市局审查同意方可实施，施工图审查由地市局组织开展，迁改申请单位承办。迁改申请单位应提前10个工作日将施工图纸提交地市局设备部。迁改申请单位负责督促设计单位根据审查意见进行修改，必要时应安排复审。

进入工程施工阶段，省电力公司要求迁改申请单位应提前5个工作日向输电所或县区局提交施工方案，输电所或县区局组织专业人员对施工方案进行审核。开工前，输电所或县区局应向迁改申请单位和施工单位做好安全技术交底后施工单位方可进场施工。如在工程施工过程中发生设计变更，迁改申请单位应将设计变更提交输电所或县区局审查确认。重大设计变更，如建设规模变更、设备材料技术参数变更等，应报地市局设备部审批。施工单位应根据地市局要求的期限向输电所或县区局提交停电计划。迁改申请单位应提前1个月向输电所或县区局提交启动方案、设施参数等资料，输电所或县区局审核后，向设备部、电力调度控制中心提交相关资料。并根据施工进度，提前5个工作日向设备部提交竣工验收申请，设备部组织输电所或县区局参与验收。对于中间隐蔽工程，施工单位应提前5个工作日向输电所或县区局提交中间验收申请，经验收合格后方可开展下一阶段工作。

供电公司对方案技术质量的要求很多：第一要严格按照审核确定之后的设计图纸进行电缆迁改的施工，如果在施工过程中发现了设计上的缺陷，或者是遇到了不可抗外界因素的影响，不能擅自修改设计，要经过设计单位的书面修改意见，并得到审核批准之后，才能对设计进行修改；第二要在施工之前，对施工项目和工序进行相应安全技术措施的编制；第三要严格按照国家现行标准对电缆设备和附件进行选择和安装；第四要在对电缆进行装卸和运输的时候，避免电缆受到损坏，切忌直接将电缆盘推下，要顺着电缆的缠绕方向，滚动电缆，不能平方运输；第五在电缆和电缆附件到达现场之后，要及时地检查附件材料是否齐全、电缆型号和规格是否满足设计的要求、电缆和附件的技术文件是否齐全、电缆是否密封完好，除此之外，还要检查存放电缆的地基是否坚实，存放处是否干燥等等；第六在电缆和电缆附件材料的存放过程中，要对电缆进行集中分类的存放，表明电缆的型号和规格，如果存放处的条件有限制，则要采取加垫的方式，根据材料的性能和报关的要求进行储存。

工程投运后三个月内，迁改申请单位应完成资产交接清册、正式竣工资料、概算书、竣工验收报告、工程决（结）算书或由中介机构出具的资产评估报告等资产移交资料。迁改申请单位能及时办理资产移交，并提供资产交接资料和工程决（结）算书的，可不对移交资产进行资产评估。

9.9 建管协议的签订与电力设计、施工、监理单位的招标

迁改需求单位向供电公司提出迁改申请后，须签订委托建管协议，此协议表示在迁改期间，电力迁改的施工、设计、监理的管理工作，由供电公司代为统一负责。签订建管协议后，迁改需求单位需与各实施单位签订相应合同，保

证顺利完成预付款支付，确保材料招采、人员监管等工作费用有出处。

双方依照《中华人民共和国合同法》等相关法律法规规定，本着平等、自愿、公平与诚信的原则，经协商一致后，签订协议。签订的委托建管协议应包含工程概况、迁改费用及支付方式、双方义务、资产归属、违约责任、合同的变更和解除、争议解决方式、合同的生效及合同的其他事项。其中最重要的，即为约定双方义务和支付方式。供电公司接到委托后，应及时启动招标正常程序，保证不制约手续完成后的实质性迁改。

电力招标流程主要包括以下几个步骤：

（1）招标准备：确定招标项目的具体内容，包括招标范围、技术要求、合同金额、招标方式等；编制招标文件，包括招标公告招标文件、投标表格等；确定评标委员会成员并组织会议进行招标准备工作。

（2）招标公告：发布招标公告，一般通过报纸、电视、互联网等途径公开招标项目的信息，包括招标内容、报名时间、报名地点、招标文件的购买方式等。

（3）招标文件购买：招标人根据招标公告要求，供应商到指定地点购买招标文件，并交纳购买招标文件的费用。购买招标文件后，供应商可以参与投标。

（4）投标准备：意向实施单位根据招标文件的要求，编制投标书，并提交投标保证金。投标书一般包括公司介绍、技术方案、商务报价等内容。

（5）投标递交：在规定的投标截止时间前将投标文件递交给招标人。一般投标文件需要密封，并在封面上标明招标项目的名称和投标单位的名称。

（6）中标通知：评标委员会根据评标结果，确定中标供应商，并向中标供应商发出中标通知书，表示该供应商获得了招标项目的合同。

（7）合同签订：中标供应商和招标人签订合同，并进行合同的履行和付款等事宜。合同内容一般包括工程量、价格、交付时间以及质量要求、付款方式等。这和一般的施工招标流程基本一致，需要注意的是，供电公司一般会按建管协议要求，约定招标方式，在高压电力的招标中，一般采用公开招标的形式，因此，整个流程的持续时间应该为4~5个月。

9.10 电力施工单位现场迁改及竣工验收

电力设施权属者在开工前完成审批工作,并向迁改需求单位和施工单位提出安全技术的相关要求后,方可组织进场施工。迁改工程的停电申请必须符合国家、行业有关规定,在停电前按供电部门规定时限,向供电部门提交停电申请方案,在现场验收合格、资料齐全、具备停电接火条件后,由供电部门按程序安排停电计划。在特殊供电情况下,供电部门有权变更停电安排,但应提前告知迁改需求单位。迁改工程竣工后,由电力设施权属者组织迁改需求单位、设计、监理和施工等相关单位开展竣工验收工作。工程验收合格后,办理"竣工验收签证书"。详细按以下程序开展竣工验收:一是迁改需求单位组织设计、监理、施工等相关单位以及电力设施权属者开展竣工验收工作。对于中间隐蔽工程,迁改需求单位应提前7个工作日向电力设施权属者提出配合验收的要求,经双方验收合格后,方可开展下一步工作。二是迁改需求单位须按"电力设施迁改实物补偿协议"要求向电力设施权属者交付项目资产价值相关的档案资料,并办理迁改工程资产交接和"竣工验收签证书"签章手续。实施过程中需要对原有电力设施进行拆除报废的,由电力设施权属者自行组织拆除与保管,拆旧费用纳入资金补偿范围。迁改工程拆旧、新建的电力设施经验收合格后,设施所有权和处置权归属电力设施权属者。

9.11 工作建议

随着各地区经济的快速发展,对土地使用要求不断提高,基础设施类项目建设范围逐渐扩大,导致相关区域的高压线路迁改持续增多。当前在线路迁改中还存在一些普遍性的问题:一是区域没有整体规划,项目建设与地块开发时间相隔较长时,会导致同一条线路重复迁改,既不能满足城市建设、基础设施施工的整体要求,又会造成重复投资;二是局部规划没有服从整体规划,区域内部分地块上的项目需尽快投产,导致该区段线路必须提前进行迁改,与线路整体迁改方案冲突,造成投资浪费。

为提升土地使用效率和市容市貌，避免重复投资造成浪费，同时进一步强化城市供电，对高压线路迁改提出如下建议（仅供参考）：政府相关部门牵头，在区域整体规划开发前，组织所属供电公司和各行政部门对区域内建设用地和涉及的高压线路进行五年规划，形成高压线路整体迁改规划方案，并经自然资源和规划部门层层批准，划定区域内的道路红线，预留线路走廊、地下管网，提前谋划，确保区域内线路迁改工作的有序推进，保障"城市生命线"、跨区域供电线路等重要线路的供电可靠性。

第10章 涉铁施工手续办理

涉铁工程是指各类施工过程中与铁路交叉、侵入铁路安全保护区、邻近或进入铁路营业线等影响或可能影响铁路营业线设备稳定、使用和行车安全的工程。

根据《铁路安全管理条例》规定，铁路线路两侧应当设立铁路线路安全保护区，铁路线路安全保护区的范围，从铁路线路路堤坡脚、路堑坡顶或者铁路桥梁（含铁路、道路两用桥）外侧起向外的距离分别为：城市市区高速铁路为 10 m，其他铁路为 8 m；城市郊区居民居住区高速铁路为 12 m，其他铁路为 10 m；村镇居民居住区高速铁路为 15 m，其他铁路为 12 m；其他地区高速铁路为 20 m，其他铁路为 15 m。

地方涉铁工程主要包括：穿（跨）越铁路的各类桥涵、隧道、过道、油气水等各类管道、渡槽、电力（通信）线路等工程；邻近铁路可能影响铁路安全的各类桥涵、隧道、道路、油气水等各类管道、渡槽、电力（通信）线路等工程以及河道改造、沟槽开挖、堤坝砌筑、基坑开挖等工程；距离铁路 1 000 m 范围内的露天采矿、采石或者爆破作业；拆除上跨铁路桥梁、渡槽等可能影响铁路设备稳定、正常使用和行车安全的其他工程。

10.1 涉铁部门及职责

根据《中国铁路成都局集团有限公司涉铁工程管理办法》（成铁办〔2024〕248 号），成都铁路局成立涉铁工程领导小组，集团公司党委书记、董事长和总经理任组长，集团公司分管建设的副总经理任常务副组长，集团公司分管运输、安全、经营开发、工电供的副总经理及总工程师任副组长，各部门负责人为组员。

领导小组主要职责：贯彻落实国铁集团相关工作部署和要求，明确集团公司各部门、各单位职责分工，组织研究制定涉铁工程管理制度，对运输影响较大的涉铁工程总体方案进行研究，统筹安全、运输、经营、施工等事宜。

领导小组下设地方涉铁工程管理办公室和基建涉铁工程管理办公室，分别设在科信部和施工办，办公室主任分别由科信部主任、施工办主任兼任，办公室副主任由分管涉铁工程的副主任兼任。

地方涉铁工程管理办公室：贯彻落实领导小组的工作要求，归口协调各类地方涉铁工程实施，牵头做好地方涉铁工程方案的审查，组织对地方涉铁工程安全、质量、进度等进行监管，对建设管理单位及相关配合单位进行管理、考核，定期梳理汇总铁路安全、经营、建设等方面需要地方支持、协调、解决的事项。

基建涉铁工程管理办公室：贯彻落实领导小组的工作要求，归口协调各类基建涉铁工程实施，牵头或指导站区成立基建施工现场工作组，对基建涉铁工程施工与运输组织进行协调，解决基建涉铁工程的施工、运输、安全等问题。

10.1.1 科信部

（1）牵头地方涉铁工程管理办公室日常工作。

（2）牵头组织制定集团公司涉铁工程管理办法，组织制定集团公司地方涉铁工程服务性费用及运输损失补偿费用标准指导意见，制定涉铁工程设计审查实施细则等相关管理制度。

（3）牵头组织涉铁工程设计文件审查，负责地方涉铁工程勘察、设计单位资质审核，负责地方涉铁工程勘察、设计招标审批。参与涉铁工程施工方案审查。

（4）对地方涉铁工程管理进行监督检查。

10.1.2 施工办

（1）牵头基建涉铁工程管理办公室的日常工作。

（2）负责组织地方涉铁工程施工方案审查，负责地方涉铁工程施工、监理单位资质复核，参与涉铁工程设计文件审查。

（3）负责地方涉铁工程施工协调，对地方涉铁工程管理进行监督检查。

（4）牵头成立基建涉铁工程重点施工项目工作组，指导站区成立施工现场工作组，协调解决基建涉铁工程实施过程中存在的问题，对基建涉铁工程营业线施工和邻近营业线施工进行安全监督检查。

（5）负责涉铁工程营业线施工计划审批、下达，负责汇总涉铁工程邻近营业线施工安全监督计划，负责拟发涉铁工程相关施工调度命令、运行揭示调度命令和LKJ基础数据换装电报、调度命令，负责对涉铁工程《施工安全协议》进行审核、备案。

10.1.3 建设部

（1）参与涉铁工程管理办公室日常工作。

（2）负责制定涉铁工程标准化规范化管理、质量安全红线管理等相关专业管理实施细则。

（3）负责组织基建涉铁工程施工方案审查。

（4）负责涉铁工程施工、监理招标审批，参与地方涉铁工程设计文件、施工方案审查。参与站场LKJ基础数据变化的地方涉铁工程的竣工验收。

10.1.4 安监室

（1）参与涉铁工程管理办公室日常工作。

（2）参与地方重大涉铁工程设计文件、Ⅱ级及以上施工方案审查。负责对涉铁工程施工造成的铁路交通事故进行调查处理。

10.1.5 工务部（防洪办）、电务部、供电部

（1）参与涉铁工程管理办公室的日常工作。

（2）负责对《施工安全协议》进行审查、审核，负责涉铁工程本专业的施工计划的审核，对涉铁工程管理进行监督检查，负责协调解决涉铁工程建设过程中涉及本系统的相关问题。

（3）负责本系统地方零小涉铁工程设计文件、施工方案的审查，供电部负责电力架空线路上跨铁路工程施工方案审查，参与涉铁工程设计文件、施工方案审查。参与站场LKJ基础数据变化的地方涉铁工程竣工验收。

10.1.6 土房部

（1）参与涉铁工程管理办公室的日常工作。

（2）负责审查涉铁工程建设中占用铁路用地、铁路资产处置方案，督导土地管理单位办理涉铁工程铁路用地手续。负责对《施工安全协议》的审查、审核，负责涉铁工程本专业的施工计划审核。

（3）负责本系统地方零小涉铁工程设计文件、施工方案审查，参与涉铁工程设计文件、施工方案审查。

10.1.7 运输部

参与涉铁工程管理办公室的相关日常工作，参与建设管理单位及相关配合单位的管理、考核，负责制定涉铁工程专业管理实施细则，负责指导集团公司本系统站段规范涉铁工程管理。负责对《施工安全协议》的审查、审核，参与相关涉铁工程设计文件、施工方案审查，参与站场LKJ基础数据变化的地方涉铁工程竣工验收。

10.1.8 成铁工管公司

（1）参与涉铁办日常工作。承担铁路局涉铁工程代建或代管工作。

（2）负责与业主单位签订涉铁工程建设管理相关合同，按照合同约定开展

招投标、建设管理等工作，协调解决涉铁工程建设中的相关问题，协助业主单位办理涉铁工程建设中铁路用地、铁路资产处置等工作。

（3）负责组织涉铁工程现场调查、施工图预审、施工方案预审，负责涉铁工程施工、监理单位资质审核，参与设计文件、施工方案审查。

（4）负责统筹涉铁工程施工相关从业人员的培训需求，负责组织协调签订施工安全协议，负责归口统一提报涉铁工程施工计划（含月、日计划）。

（5）负责建立业主、勘察、设计、施工、监理、监测、设备管理、行车组织等相关单位的沟通协调机制，及时解决工程实施过程中出现的各种问题。

10.1.9 站段

（1）制定本单位涉铁工程制度办法。设备管理单位负责地方零小涉铁工程的代管或代建工作。

（2）负责提出铁路设备迁改防护方案，参与涉铁工程现场调查、施工安全协议签订、铁路用地手续办理等相关工作。参与施工图设计预审、施工方案预审，参与涉铁工程竣工验收。

（3）负责制定涉铁工程"一点一案"监管方案，负责涉铁工程现场的安全监管，负责对铁路设备设施的巡视检查，及时发现、制止非法违规施工。

10.2 涉铁分类

10.2.1 地方零小涉铁

零小涉铁是指施工难度较小、安全风险较低的涉铁工程。地方零小涉铁工程按Ⅰ类、Ⅱ类进行分类管理。Ⅰ类地方零小涉铁工程包括：进入高速铁路路基段防护栅栏内、隧道内、桥面上的地质勘察、构筑物检测、光电缆敷设等工程，更换、拆除既有上跨高速铁路构筑物安防设备设施，公网通信设备工程。Ⅱ类地方零小涉铁工程包括：既有框架桥（涵）内敷设管线工程；增加铁路渡汛能力、提升铁路防护能力等既有河道、水库整治，增设护岸墙工程；更换、拆除既有上跨普速铁路构筑物的安防设备设施；涉及铁路安全的弃土弃渣减载工程或清理作业；既有道路路面改造、翻修、排水整治、修复、增设安防设施，设置道路标识标线等工程（作业），既有管线的病害整治；修建护路岗亭、视频监控、线路封闭等技防、物防设施；绿化、美化、亮化工程；铁路安全保护区内地方涉铁工程地质勘察作业，上跨构筑物检测作业；既有架空电力线路更换导线、地线、电缆工程，单项铁路电力、供电、给水设施迁改工程；单项铁路电务设备的防护、迁改工程；消除铁路或地方安全隐患的整治、消缺类零小工程。

10.2.2 重大涉铁

重大涉铁是指施工难度大、安全风险高的涉铁工程，地方重大涉铁工程项目类型为：上跨高速铁路及其相关联络线、动车走行线以及主要干线（允许速度160 km/h及以上的干线，下同）的路基、桥涵地段无法采用转体施工工艺的工程；公路、城市道路下穿高速铁路和主要干线铁路桥梁（道路外侧距离铁路桥墩净距不足3 m或路面距离铁路梁式桥梁底净空不足8 m）的工程；公路、城市道路等上跨铁路隧道或并行铁路深路堑，经评估存在滑坡、泥石流、边坡失稳等安全风险的工程；公路、城市道路或城市轨道交通与铁路车站立交的工程（下穿铁路高架车站除外）；采用新工艺、新工法等非常规上跨或下穿铁路的工程；其他技术复杂、施工安全风险高、对铁路营业线运输组织影响较大、对集团公司经营开发影响较大的工程。

10.3 涉铁流程

10.3.1 地方涉铁流程

根据《中国铁路成都局集团有限公司涉铁工程管理办法》（成铁办〔2024〕248号），地方涉铁工程主要包括四个环节：项目申请、设计审查、工程实施和竣工验收，具体内容如下。

10.3.1.1 项目申请

涉铁工程业主单位要在工程规划阶段向铁路局提出书面申请，书面申请原则上应包含：工程批准立项的依据、工程性质、规模、标准和规划，与铁路位置关系图及联系人、联系方式等资料。经铁路局复函同意后，业主单位方可开展后续工作（见图10.1）。

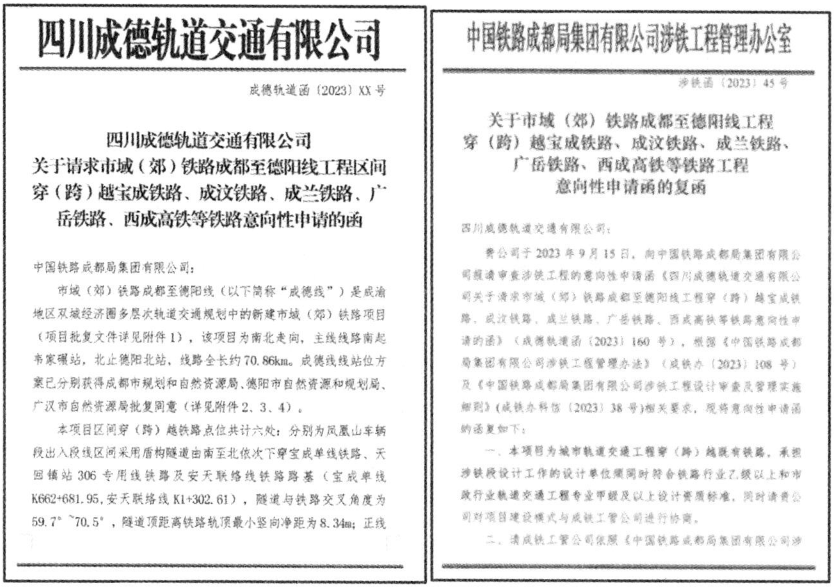

图 10.1　业主单位申请函及铁路局的复函

10.3.1.2 设计审查

地方涉铁工程设计分为方案设计、施工图设计。电力架空线路上跨铁路工程；油气水电管线上跨铁路隧道，下穿铁路路基、桥梁工程；道路、轨道交通穿（跨）越普速铁路隧道、桥梁工程；邻近铁路的各类管道、渡槽、电力（通信）线路以及房屋建筑、河道改造、基坑（槽）开挖等工程可直接开展施工图设计。

方案设计编制前，成都成铁工程项目管理有限公司（以下简称成铁工管公司）应组织开展现场调查，充分听取设备管理单位的建议和意见，并纳入方案设计和施工图设计（以下简称设计文件）。设计文件应有安全专篇，针对地方涉铁工程引起的安全风险，提出科学合理、成熟可靠的技术和安全措施。对可能影响高速铁路安全或施工技术难度大的工程，业主单位应选择有资质的咨询单位对设计方案进行咨询。

方案设计审查申请由业主单位或业主单位委托成铁工管公司向集团公司提报，申报主要以发函形式进行。科信部一般在一个月内组织各部门召开设计方案审查会，审查会议通过后，科信部提报相关资料走网上会签流程，经相关部门会签，呈报铁路局分管领导签发，最后铁路局下达方案设计批复（见图 10.2）。方案设计批复后两年内未开展下一阶段工作的，需重新办理审批手续。

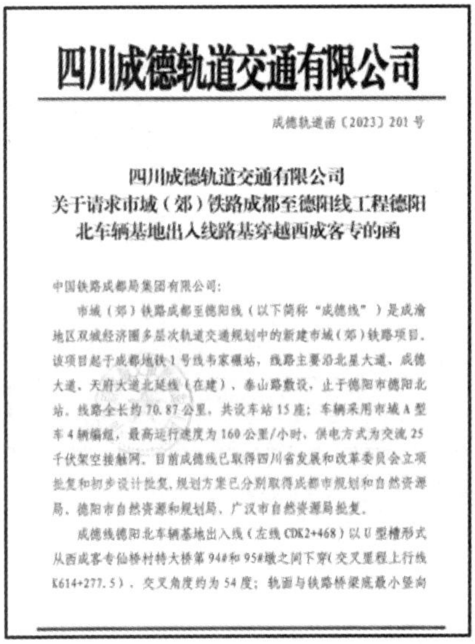

四川成德轨道交通有限公司

成德轨道函〔2023〕201 号

四川成德轨道交通有限公司
关于请求市城（郊）铁路成都至德阳线工程德阳北车辆基地出入线路基穿越西成客专的函

中国铁路成都局集团有限公司：

市城（郊）铁路成都至德阳线（以下简称“成德线”）是成渝地区双城经济圈多层次轨道交通规划中的新建市城（郊）铁路项目。该项目起于成都地铁 1 号线韦家碾站，线路主要沿北星大道、成德大道、天府大道北延线（在建）、泰山路敷设，止于德阳市德阳北站。线路全长约 70.87 公里，共设车站 15 座；车辆采用市域 A 型车 4 辆编组，最高运行速度为 160 公里/小时，供电方式为交流 25 千伏架空接触网。目前成德线已取得四川省发展和改革委员会立项批复和初步设计批复，规划方案已分别取得成都市规划和自然资源局、德阳市自然资源和规划局、广汉市自然资源局批复。

成德线德阳北车辆基地出入线（左线 CDK2+468）以 U 型槽形式从西成客专仙鹤村特大桥第 94#和 95#墩之间下穿（交叉里程上行线 K614+277.5），交叉角度约为 54 度；轨面与铁路桥梁底最小竖向

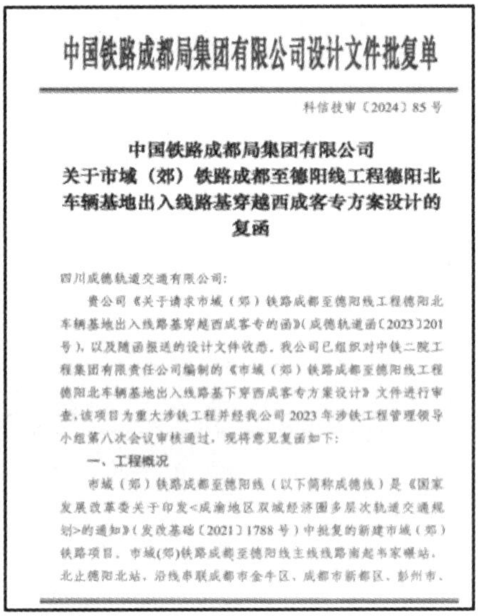

中国铁路成都局集团有限公司设计文件批复单

科信技审〔2024〕85 号

中国铁路成都局集团有限公司
关于市城（郊）铁路成都至德阳线工程德阳北车辆基地出入线路基穿越西成客专方案设计的复函

四川成德轨道交通有限公司：

贵公司《关于请求市城（郊）铁路成都至德阳线工程德阳北车辆基地出入线路基穿越西成客专的函》（成德轨道函〔2023〕201 号），以及随函报送的设计文件收悉。我公司已组织对中铁二院工程集团有限责任公司编制的《市城（郊）铁路成都至德阳线工程德阳北车辆基地出入线路基下穿西成客专方案设计》文件进行审查，该项目为重大涉铁工程并经我公司 2023 年涉铁工程管理领导小组第八次会议审核通过，现将意见复函如下：

一、工程概况

市城（郊）铁路成都至德阳线（以下简称成德线）是《国家发展改革委关于印发<成渝地区双城经济圈多层次轨道交通规划>的通知》（发改基础〔2021〕1788 号）中批复的新建市城（郊）铁路项目。市城(郊)铁路成都至德阳线主线线路南起韦家碾站，北止德阳北站，沿线串联成都市金牛区、成都市新都区、彭州市、

图 10.2　方案设计申请及铁路局批复

方案设计批复后，即进入施工图审查阶段。成铁工管公司组织各工务段、供电、通信专业开展现场调查，设计院根据各部门意见完成施工图设计，同时须提供第三方图审报告及地勘报告，成铁工管公司组织施工图设计预审并在 10 个工作日内出具会议纪要。业主单位再次向铁路局发函申请施工图审查，科信部一般在一个月内组织各部门召开施工图设计审查会，审查会议通过后，科信

部提报相关资料走网上会签流程，经相关部门会签，呈报铁路局分管领导签发，最后铁路局下达施工图设计批复。

10.3.1.3 工程实施

10.3.1.3.1 确定代建或代管模式

涉铁工程由成铁工管公司与业主单位协商确定代建或代管模式，按照法律法规及管理规定签订服务合同，明确双方权利义务，代建或代管情况需向科信部、建设部、经开部备案。

代建模式即业主单位将地方涉铁工程委托成铁工管公司建设实施的建设模式。代管模式即业主单位委托成铁工管公司按铁路有关规定进行建设管理，协助业主单位开展现场调查、协议签订、方案审查、施工配合、施工要点、竣工验收等综合协调工作的建设模式。

10.3.1.3.2 签订服务合同

成铁工管公司完成涉铁费用预算审核后，由业主单位或者业主委托具有相应资质的总承包单位与成铁工管公司签订服务合同，根据建设管理工作内容、工作量投入、项目特点及风险分担、铁路运输影响程度等因素，合理约定铁路运输损失补偿费、施工配合及安全监管费、施工过程协调服务费、技术服务费等费用。经双方协商一致后纳入服务合同。

10.3.1.3.3 办理铁路用地手续

根据《中国铁路成都局集团有限公司涉铁工程管理办法》（成铁房〔2024〕235号），铁路用地的租赁合同须由项目业主单位与土地管理单位签订，以构筑物设计年限签订地役权合同（超过五十年的按五十年计算），费用一次性缴纳，按照属地政府公布的现行基准地价标准收取费用。涉铁工程用地的办理流程如下。

（1）用地申请：铁路用地需求方在取得铁路局施工图设计批复后，向土地管理单位提出申请。

（2）资料初审：土地管理单位根据铁路局相关批复，核实需求方资质和用地资料，组织开展现场踏勘，联系片区土地办对用地权属界线、面积计算、租金标准等进行确认，履行集体决策程序后，通过铁路局用地审批系统提请业务主管部门初审。

（3）研究决策：土房部（领导小组办公室）根据初审结果征求领导小组成员部门意见后，提报领导小组研究。

（4）组织实施：决策通过后，片区土地办向土地管理单位出具《成都局集团公司准予用地书》，土地管理单位与用地需求方签订用地合同。

10.3.1.3.4 施工方案审查

施工单位编制施工方案后，成铁工管公司组织施工方案预审，经相关设备管理单位和行车组织单位5个工作日内完成会签后出具预审意见。施工办组织审查施工方案后，在1个月内出具审查意见。

距离铁路1 000 m范围内的工程爆破作业，施工单位提供施工方案、爆破专项方案等资料，成铁工管公司组织预审，施工办组织审查。电力架空线路上跨铁路工程的设计文件由科信部组织审查，施工方案由供电部组织审查，工程建设由属地供电设备管理单位组织实施。

10.3.1.3.5 安全协议签订

施工方案审查意见下达后，成铁工管公司组织施工单位与相关设备管理单位和行车组织单位，在5个工作日内完成铁路营业线施工安全协议的签订，报调度所（施工办）审核。

10.3.1.3.6 施工计划提报

涉铁工程月度施工计划由成铁工管公司负责提报，经相关站段会签后，由车务站段报相关专业部门复核，专业部门对施工计划进行专业复核后报施工办，由施工办组织审核、下达。涉铁工程日计划由成铁工管公司负责提报，经相关专业部门复核后报施工办，由施工办组织审核、下达。

10.3.1.3.7 安全技术交底及管护协议签订

项目开工前，成铁工管公司要将铁路局批准的施工图设计交付相关设备管理单位，并组织设备管理、勘察、设计、施工、监理等单位对设计文件、施工地点、影响范围、施工工艺及施工重难点等方面的内容进行安全技术交底。穿（跨）越铁路的道路、管线工程开工前，成铁工管公司组织业主单位和铁路设备管理单位签订管护协议。电力架空线路上跨铁路工程开工前，业主单位应与属地供电设备管理单位签订安全互保协议。

10.3.1.4 竣工验收

地方涉铁工程竣工验收分为铁路竣工验收和地方竣工验收两个阶段，铁路竣工验收由成铁工管公司牵头组织，地方竣工验收由地方政府或业主单位牵头组织。铁路竣工验收未通过的，不得进行地方竣工验收。邻近铁路营业线的地方涉铁工程以及穿（跨）越铁路的市政管线等地方涉铁工程，可由成铁工管公司与地方政府或业主单位协商联合组织竣工验收。

地方涉铁工程竣工验收合格，明确地方涉铁工程投产后的设备维护、资产管理、安全管理等方面的责任后，方可开通使用。地方涉铁工程开通的必备条件为：地方涉铁工程竣工验收合格；配套的安全防护设施以及与运输生产、运营管理密切相关的其他配套设施，与主体工程同步建成；租用铁路用地手续办理完成；涉及集团公司及所属单位相关费用按合同约定支付完成；完成管护协议、安全互保协议签订；环保和水保（若涉及）符合相关规定；下穿铁路路基的框架桥工程，业主单位与铁路设备管理单位资产移交手续办理完成。

地方涉铁工程流程如图10.3所示。

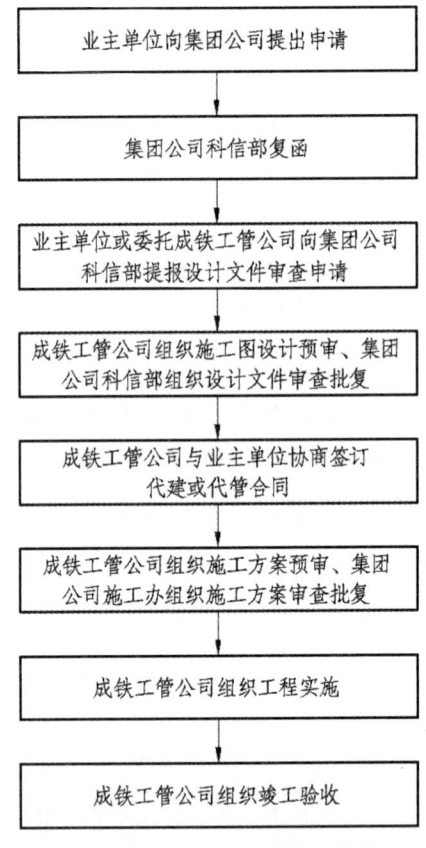

图 10.3　地方涉铁工程流程图

10.3.2 地方零小涉铁流程

主办设备管理单位与业主单位协商建设模式，签订地方零小涉铁代管或代建协议，并开展地方零小涉铁工程建设管理，协助业主单位开展现场调查、方案审查、安全协议签订、施工计划提报、施工监管配合、铁路设备设施安全检查及确认等工作。

I类地方零小涉铁工程应编制施工图设计文件和施工方案，II类地方零小工程可直接编制施工方案。业主单位向集团公司主办专业部门书面申请后，由主办专业部门组织施工图设计文件和施工方案的审查。主办专业部门组织施工图设计文件审查后，在10个工作日内出具审查意见。主办设备管理单位组织施工方案预审，经相关设备管理单位和行车组织单位在 5 个工作日内完成会签后出具预审意见。主办专业部门组织施工方案审查后，在 10 个工作日内出具审查意见。

施工方案审查意见下达后，主办设备管理单位组织施工单位与相关设备管理单位和行车组织单位，在 5 个工作日内完成铁路营业线施工安全协议的签订，报施工办审核、备案；设备管理单位应在 10 个工作日内完成"一点一案"监管方案的编制、发布，抄送专业部门备案，对本单位现场监管人员进行培训。主办设备管理单位负责提报施工计划，经相关站段和相关专业部门复核后，由施工办组织审核、下达。

完工后，主办设备管理单位组织相关单位进行工程检查确认或验收，明确工程投用后设备安全管理、维护管理、资产管理等方面的责任后，方可投入使用。

地方零小涉铁工程办理流程如图 10.4 所示。

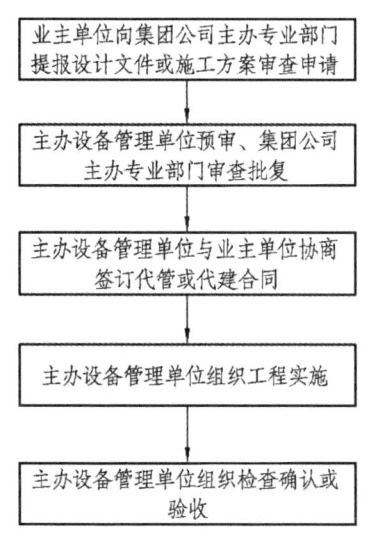

图 10.4 地方零小涉铁工程办理流程

10.3.3 地方重大涉铁流程

地方重大涉铁工程与地方涉铁流程基本相同，区别在于地方重大涉铁在方案设计及施工图设计审查阶段，须报涉铁领导小组研究审议，涉铁审查会一般每个月都有召开，重大涉铁审查会一般每个季度召开，由分管涉铁工程、运输、安全、经营开发、工电供的铁路局领导共同签认，呈送铁路局总经理签发。审批时间较长，审批级别较高，在收到鉴修合格的设计文件后，重大涉铁一般在3个月内出具审查意见。

10.4 工作建议

涉铁手续办理过程中，方案设计及施工图设计阶段的耗时较长，预计需一年左右。结合市域铁路成都至德阳段工程涉铁手续办理进展，建议项目做好以下工作：

（1）选择有实力、有经验的三方配合单位负责涉铁手续相关事宜，负责对接涉铁设计、铁路局各部门，此项工作很重要，将直接影响后续工作的推进时效。

（2）办理涉铁施工手续需要提交大量文件，如现场调查表、方案设计文件、施工图设计文件、地勘报告、图审报告等。文档的准备和提交非常严格，同时涉铁有关要求也不断有调整，需要施工单位全力配合提前做好筹备，确保资料符合要求。

（3）关于办理铁路用地手续，根据铁路局文件要求，须业主单位与土地管理单位签订协议，需协调业主单位在施工图批复阶段提前启动用地手续事宜，避免影响最终的进场时间。

（4）为确保涉铁施工手续能快速推进，施工单位应强化与业主、设计及铁路局的沟通协调，同时协调各方定期召开涉铁专题推进会，解决过程中的卡点难点，扎实推进每项节点计划。

第11章 涉河施工手续办理

涉河建设项目是指河道管理范围内跨河、穿河、穿堤、临河的桥梁、码头、道路、渡口、管道、缆线、取水、排水、造（修、拆）船项目，以及岸线整治修复、滩地生态治理、航道整治等工程建设项目。办理涉河手续时须根据各属地水利局要求完成相关资料，以获得水利局批复为准。

11.1 审查要求

根据四川省水利厅《关于印发<四川省河道管理范围内建设项目管理暂行办法>的通知》，在本省行政区域内的河道管理范围内，兴建开发水利水电、防治水害、整治河道的各类工程或修建拦河、跨河、穿河、穿堤、临河的桥梁、隧道、管道、缆线、码头、道路、渡口、排污口、厂房、仓库、民房等永久性、临时性建筑物、构筑物以及临时占用河滩地的，本办法适用。河道管理范围内兴建建设项目，建设单位应按规定，向河道主管机关提出申请，经河道主管机关审查、同意后方可进行施工建设。

河道主管机关按河道管理权限和建设项目规模，对申请在河道管理范围内修建各类建筑物、构筑物及占用滩地的，实行分级受理和审查：

（1）在国家直接管理的河道（长江、黄河、嘉陵江、岷江及跨省、自治区、直辖市河道）管理范围内申请修建建设项目，属于国家审查权限的，由当地河道主管机关受理后逐级转报省河道主管机关初审，报水利部流域机构审查；国家审查权限以下的建设项目，由当地河道主管机关受理，报市、州河道主管机关初审后，再报省河道主管机关审查。

（2）在省管河道上，申请修建拦河、跨河或项目总投资在1 000万元以上的建设项目，由当地河道主管机关受理，先报市、州河道主管机关初审，再报省河道主管机关审查；其他建设项目，由当地河道主管机关受理、初审，先报市、州河道主管机关审查，再报省河道主管机关备。

（3）在市、州管理河道范围内申请修建的建设项目，由市、州河道主管机关受理、审查。

11.2 审查材料

在河道管理范围内修建各类永久性建筑物、构筑物的，建设单位在向河道主管机关提出建设申请时，应提交以下材料：

（1）兴建建设项目的依据。

（2）建设项目的行洪论证与河势稳定评价报告五份。

（3）涉及取用水的，还应提交经主管部门审定的水资源论证报告批准文件。

在河道管理范围内修建各类临时建筑物、构筑物或占用河滩地开展生产经营等各类临时活动的，单位或个人应向当地河道主管机关提出申请，并同时提交以下材料：

（1）建设项目涉及河道部分的工程建设方案、图纸以及防御洪水的标准和度汛措施。

（2）建设项目占用河道岸线和河道管理范围内的土地情况。

（3）建筑物、构筑物占用河滩地及岸线水域的时间与恢复措施。

11.3 审查流程

（1）河道主管机关在接到建设单位申请后，应在50日内组织有关方面的专家对建设单位提供的行洪论证与河势稳定评价报告及工程建设方案进行评审，并提出审查意见。涉及河道主管机关初审的，初审机关应在受理后30日内提出初审意见。

（2）河道主管机关对建设项目审查同意的，应下发给申报单位审批文件，该审批文件即作为河道审查同意书。审批文件应从有利于安全行洪与河势稳定的角度，对建设项目占用河道岸线长度、位置、界限和工程规模、工程布置、防洪标准等做出规定，并对建设项目的设计、施工、管理提出相应的要求和必要的补救措施。

（3）建设单位持有河道主管机关发给的河道准建批文（审查同意书），方可向计划、国土、建设等行政主管部门申请办理开工审批手续。

（4）工程施工完毕，建设单位应及时向河道主管机关报送有关竣工资料，竣工验收必须有河道主管机关参加，并对涉河设施是否满足防洪要求提出验收意见。

涉河手续流程相对简单，施工单位须提前对接属地水利局了解具体政策，结合市域铁路成都至德阳段工程涉河手续办理情况，项目一是选择好配合单位，负责编制行洪论证及河道恢复方案等资料，确保方案评审能一次性通过；二是与水利局主办人员建立联系，加强沟通对接，及时掌握过程进度，正常情况 3 个月左右内完成涉河手续办理，获得水利局批复文件（见图 11.1）。

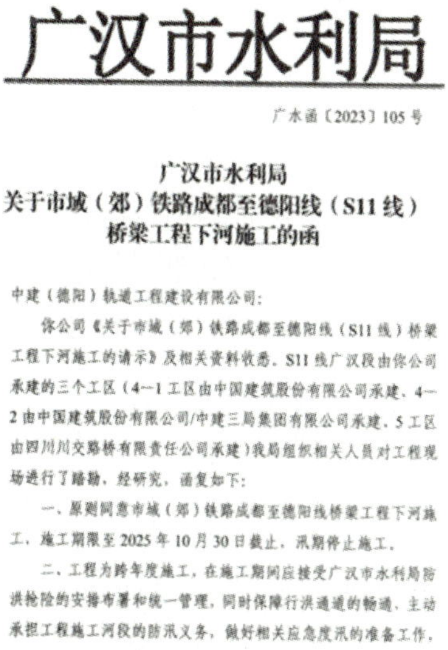
广汉市水利局

广水函〔2023〕105 号

广汉市水利局
关于市域（郊）铁路成都至德阳线（S11 线）
桥梁工程下河施工的函

中建（德阳）轨道工程建设有限公司：

你公司《关于市域（郊）铁路成都至德阳线（S11 线）桥梁工程下河施工的请示》及相关资料收悉。S11 线广汉段由你公司承建的三个工区（4—1 工区由中国建筑股份有限公司承建，4—2 由中国建筑股份有限公司/中建三局集团有限公司承建，5 工区由四川川交路桥有限责任公司承建）我局组织相关人员对工程现场进行了踏勘，经研究，函复如下：

一、原则同意市域（郊）铁路成都至德阳线桥梁工程下河施工，施工期限至 2025 年 10 月 30 日截止，汛期停止施工。

二、工程为跨年度施工，在施工期间应接受广汉市水利局防洪抢险的安排布署和统一管理，同时保障行洪通道的畅通，主动承担工程施工河段的防汛义务，做好相关应急度汛的准备工作。

图 11.1　水利局批复

附件：

建设项目行洪论证与河势稳定评价报告编制大纲（试行）

0 总则

0.1 依据国家水利部、国家计委（注：2003年已改组为国家发展和改革委员会）《河道管理范围内建设项目管理的有关规定》（水政〔1992〕7号），对于河道管理范围内建设项目，应编制行洪论证与河势稳定评价报告（以下简称评价报告）。为适应评价报告编制工作的需要，规范编制方法，保证成果质量，特制定本大纲。

河道管理范围内属拦河（如电站）的建设项目，应按本大纲进行编制；属跨河（如桥梁）、穿河（如管涵）、临河（如码头）的建设项目可根据具体情况进行适当简化。

河道管理范围内建设项目行洪论证与河势稳定评价的河段范围（简称评价河段）：横河距离为建设项目对应的防洪标准水面宽度以外各10米；顺河距离为建设项目及其对上下游河道产生的影响以外各300米。

0.2 本大纲适用于省内河道管理范围内建设项目的行洪论证与河势稳定评价报告的编制，省内国家直管河道的建设项目编制报告还应符合国家河道主管部门的有关规定，省内市管河道建设项目的行洪论证与河势稳定评价可参照本大纲进行编制。

0.3 对河道管理范围内的建设项目进行行洪论证与河势稳定评价的目的是，评价建设项目所在河段的安全行洪能力与对河道演变、河势稳定的潜在影响程度；建设项目自身的防洪安全；通过优化工程布局、调整设计方案、采取防护措施等手段满足河道安全行洪与河势稳定的要求；提出项目在运行期与施工期应当遵循的原则方法。

0.4 评价报告由建设单位委托具有相应资质的设计研究单位进行编制。

0.5 设计研究单位编制的评价报告，应遵循国家有关法律法规和政策规章，实事求是，讲求科学。评价报告实行设计质量终身负责制。

0.6 评价报告中采用的各项基础资料原则上应使用新近成果，并经有关部门认同，基础资料应具有可靠性、合理性与一致性。建设项目所在地区缺乏基础资料时，建设单位应根据评价报告的需要，委托具有相应资质的勘察、测绘、水文等部门进行基础资料的采集和收集。

0.7 在编制行洪论证与河势稳定评价报告时，应根据河道或评价河段的水文、气象、地质与环境条件，采取适当的研究路线和评价手段。对重要的河道或河道行洪与河势有较大影响、项目所在河道有重要防洪任务或重要防洪工程项目，应采用数学模型计算、物理模型试验或其他试验等方法进行专题研究。

0.8 建设单位应按照河道主管部门对行洪论证与河势稳定评价的审查意见或建议措施，在项目初步设计阶段和技术施工阶段进行充分研究，通过采取优化工程布局、调整设计方案、采取预防措施等方式，使工程建设满足安全行洪与河势稳定的要求。

1 概述

1.1 河流概述

简述流域自然地理概况、流域与河道特性、本工程上、下游水利和水土保持措施等概况。

1.2 评价依据

评价依据应列出以下内容：

（1）国家有关法律法规、政策规章；

（2）有关建设项目所在河流河段的综合规划及防洪规划、治导线规划、岸线规划、河道整治规划等文件；

（3）有关技术规范规程与技术标准；

（4）有关本项目设计报告审查意见、批复文件等（可作附录）。

1.3 评价河段范围与防洪标准

简述评价河段的范围与工程等级、防洪标准、通航条件与等级等。

1.4 研究路线与工作内容

简述评价报告所采用的研究路线，包括基本资料及分析、计算和试验等评价方法；

简述评价的工作内容与时间。

2 基本情况

2.1 建设项目概况

应介绍评价报告有关的涉河建筑物的基本情况，包括下列内容：

（1）涉河建筑物名称、地点和建设目的；

（2）涉河建筑物的建设规模、特性、防洪标准（校核洪水、设计洪水标准及相应洪峰流量、水位，施工期防洪标准与相应洪峰流量、水位）；

（3）涉河建筑物的设计方案，包括工程选址合理性分析、总体布置、结构型式与相互关系、与河道堤防或两岸的连接方式，占用河道管理范围内土地与建筑设施情况等；

（4）涉河建筑物的施工方案，主要包括施工布置、施工交通布置、主要施工方法、施工临时建筑物设计、施工工期安排、施工期建筑物度汛方案等；

（5）在河道管理范围内，涉及取土、弃土、堆渣的工程，还应说明施工取土、弃土、堆渣等处理方案。

2.2 评价河段河道情况

简述建设项目所在评价河段的河道基本情况，内容如下：

（1）河段的河道概况与特征；

（2）水文、泥沙、气象特征；

（3）河段地质条件，描述建设项目引起地质条件与环境的变化；

（4）现有防洪（排涝）标准及相应的洪峰流量、洪峰水位。

2.3 现有涉河工程与本建设项目的关系

简述评价河段范围内已有工程的情况，简略分析它们与本工程之间的关系。

2.4 评价河段水利规划与实施情况

简述评价河段水利规划有关内容与安排情况，包括以下几方面：

（1）本河段的河道综合与专项规划，防洪规划，岸线规划，河道整治规划等；

（2）本河段的具体规划要求与实施情况；

（3）建设项目运用期因规划实施引起的防洪形势、标准等变化情况。

3 河道演变

河道演变主要介绍评价河段的历史演变过程与特点，分析其河床冲淤特性与河势变化情况，对河道的演变趋势进行预测。

3.1 河道历史演变

利用已有成果和资料，简述建设项目所在河道的历史演变过程与特点。

3.2 河道近期演变分析

河道近期演变分析应根据有关实测资料和已建成项目的情况，分析评价河段河道平面变化、断面变化及河床冲淤特性。

3.3 河道演变趋势预测

根据河道演变历史与近期演变分析，结合水利规划实施安排，对河道将来的演变趋势进行定量或定性分析，包括河道的平面变化、断面变化、河床冲淤变化等。由此分析本项目建成后，对河道演变的影响程度与预防对策。

4 行洪论证与计算

4.1 一般要求

（1）建设项目行洪论证与计算一般应采用所在河段的现状防洪、排涝标准或规划标准，对没有防洪、排涝标准和防洪规划的河段，应进行有关水文分析计算。

（2）对占用河道断面，影响洪水下泄的阻水建筑物，应进行壅水计算。一般情况下可用数学模型或有关规范推荐的经验公式计算。

（3）对河道的冲淤变化可能产生较大影响的建设项目，按照施工导流和度汛的具体安排，应采用动床数学模型计算方法进行冲刷与淤积分析计算；评价河段属国家直管河道、或对河道行洪与河势有较大影响、或有重要的防洪任务及重要防洪工程的建设项目，还应开展动床物理模型试验研究。其他建设项目，可采用有关经验公式结合实测资料，进行冲刷和淤积分析计算。

（4）根据建设项目在实施过程中施工导流与度汛的具体安排，应结合河道演变分析成果，对评价河段的河势稳定可能产生的影响进行定性分析。评价河段内对河势稳定可能有较大影响、或有重要防洪任务及重要防洪工程的建设项目，应针对不同时期的施工导流和度汛安排，进行数学模型计算或物理模型试验研究。

（5）对可能影响已建成工程安全行洪的建设项目，应复核施工期和运行期对已建工程的安全稳定性。

（6）当建设项目位于排涝河道管理范围内或附近有重要排涝设施，且项目建设可能引起现有排涝设施附近内、外水位较大变化时，应进行排涝影响计算。

4.2 水文分析计算

4.2.1 水文分析计算的主要内容应包括：

水文资料的审查与分析；

资料的插补与延长；

采用的计算方法、公式、有关参数的选取及其依据；

不同频率设计流量及设计水位的计算成果；

成果的合理性、典型性、可靠性分析。

4.2.2 水文分析计算方法应根据建设项目所在评价河段的具体情况有针对性地选用。

4.3 壅水分析计算

4.3.1 数模计算

当采用数模进行工程壅水影响计算分析时，其主要内容应包括：

（1）数模的基本原理。

阐述模型的基本方程、计算网格型式、数值计算方法、边界处理等。

（2）计算范围与计算边界条件。

阐述数模的计算范围、计算网格尺寸、开边界的控制条件等。数模计算范围的选取除应考虑相近河段水文测站的布设情况外，应能充分包含建设项目可能影响的范围及模型进出口边界稳定所需的河道范围。数模计算范围不应小于评价河段范围。计算网格的大小应根据工程概化的需要，尽可能采用较小的计算网格。上、下游开边界控制条件一般上游开边界采用流量控制,下游开边界采用水位控制。

(3)模型的率定与验证。

阐明模型率定与验证所需用的资料,模型率定所选定的有关参数,模型率定与验证的误差统计结果,在此基础上分析模型的可靠性。模型率定与验证的主要内容包括:水位、垂线平均流速、流向、断面流速分布、汊道分流比等。模型率定和验证应采用不同的水文测验资料分别进行,模型率定和验证的误差满足有关规范的要求。

(4)计算水文条件。

阐述工程影响计算所采用的水文条件及依据。所采用的计算水文条件应根据行洪论证与评价的主要任务有针对性地选取,对径流河段应采用设计洪水流量和相应水位。

(5)工程概化。

阐明建设项目涉河建筑物在模型中的概化处理方式,工程概化的合理性分析等。

(6)工程计算方案。

阐述模型的各种计算方案及条件。对工程临时建筑物占用河道过水断面的建设项目,除需工程运行期的壅水计算外,还需进行工程在施工期的壅水计算。

(7)计算结果统计分析。

对各方案的计算结果进行统计,分析最大壅水高度和壅水范围。

4.3.2 经验公式计算分析

当采用经验公式做壅水计算时,其主要内容有:

(1)经验公式及其适用性分析。

应根据建设项目的工程结构型式、河道特性选取合适的经验公式,并对其适用性进行分析。

(2)有关参数的选取及依据。

应根据阻水建筑物的结构型式、附近的流速流态、河道边界条件等具体情况，合理选取计算参数，并分析其依据。

（3）选取的计算水文条件。

选用的计算水文条件应包括工程所在河段的现状防洪标准和规划防洪标准等情况。

（4）计算方案及条件。

阐明各种计算方法及条件。对工程施工期临时建筑物占用河道过水断面的建设项目，均应进行工程施工期和运行期的雍水计算。列出雍水计算的高度与长度等计算结果。

4.4 冲刷与淤积分析计算

评价段冲刷与淤积分析计算可依据建设项目的性质与分类，适当地选取数学模型计算方法、动床物理模型试验方法和经验方法等具体算法，以满足行洪论证与河势稳定评价的精度要求为准。

4.4.1 数模计算

当采用数学模型进行冲刷与淤积计算时，其主要内容除应满足 4.3.1 中对水流数模计算的有关要求外，还应包括：

（1）河床冲淤变化的率定验证。

应根据实测资料，选择有代表性的水文系列，进行含沙量、输沙率和河道冲淤变化的率定和验证计算。模型泥沙率定和验证的精度应满足有关规范要求。

（2）计算水文系列的选取。

应根据建设项目的情况、可能带来的影响、所在河段的水文泥沙特性、防洪评价的主要任务，选取有代表性的水文系列进行工程建成后的冲刷与淤积计算。计算水文系列的选取应能反映冲刷和淤积的不利水、沙组合条件。

（3）冲淤变化计算成果。

计算成果应包括冲淤总量、冲淤厚度、冲淤时空分布等内容。

4.4.2 物理模型试验

当采用物理模型进行河道冲刷与淤积试验时，应包括以下内容：

（1）试验方案；

（2）试验水文条件的选取与概化；

（3）模型试验的范围；

（4）模型的设计与各种比尺；

（5）模型沙的选择；

（6）模型率定与验证采用的水文条件；

（7）模型率定有关参数的选取值；

（8）模型率定和验证误差的统计结果及模型相似分析；

（9）模型试验结果统计。

上述内容的有关具体要求与数学模型计算基本相同，模型设计及比尺的选择、模型沙的选取、水文系列的概化，应满足试验精度的要求。

4.4.3 经验公式计算

当采用经验公式进行冲刷计算时，应包含下列内容：

（1）计算公式的选用及适应性分析；

（2）水文条件；

（3）有关参数的选取值及其依据；

（4）冲刷计算结果。

4.5 河势影响分析计算

建设项目建成后对河势稳定的影响，一般情况下可采用数学模型计算、物理模型试验等技术手段进行。其内容除需要满足上述数学模型计算和物理模型试验的有关要求外，还应包括：

（1）对主要河汊道分流比的影响值，若为动床数学模型或动床物理模型，还应统计各汊道分沙比的变化；

（2）工程区内代表性断面流速分布的变化情况；

（3）主流线的变化情况；

（4）工程影响范围内防洪工程及其他设施附近流速、流向的变化；

（5）代表性垂线流速、流向的变化。

4.6 排涝影响分析计算

排涝影响分析计算的主要内容有：

（1）现有排涝设施的结构尺寸、设计内外水位、运行方式、设计排涝流量等基本情况；

（2）采用的计算方法、公式、有关参数的选取及其依据；

（3）根据建设项目的雍水情况。对现有排涝设施的排涝能力进行复核计算。

4.7 其他计算

对建设项目，还应进行工程施工期及运行期的渗透稳定性复核、结构安全性复核、抗滑稳定性复核，地基承载力复核等计算。或者，根据项目设计情况，说明上述工作的一些结论性结果。

5 综合评价

根据建设项目所在河道的水利规划与实施情况、评价段的防洪任务与要求、防洪工程与河道整治工程布局及其它国民经济设施的分布情况等，以及河道演变分析成果、防洪评价计算或试验研究结果，应对建设项目的行洪安全性与河势稳定性进行综合评价。综合评价的主要内容包括：

（1）建设项目与有关规划的关系与影响分析；

（2）建设项目是否符合防洪标准、有关技术和管理要求；

（3）建设项目对河道泄洪能力的影响分析；

（4）建设项目对河势稳定影响分析；

（5）建设项目对堤防、护岸及其它涉河工程和设施的影响分析；

（6）建设项目对防汛抢险的影响分析；

（7）建设项目防御洪涝的设防标准与措施是否得当；

（8）建设项目的总体布局、建筑型式的防洪安全性能是否满足要求；

（9）建设项目对第三合法水事权益人的权益影响分析。

5.1 项目建设与有关规划、标准、管理的关系分析

主要包括建设项目与所在河段的水利规划和项目建设对规划实施的影响，建设项目与所在河段的防洪标准与有关技术要求，建设项目与水利部门有关管

理规定等方面的分析。

5.1.1 建设项目与所在河段有关水利规划关系分析

简述建设项目与所在河段的综合规划、防洪规划、治导线规划、岸线规划、河道（口）整治规划等水利规划的关系，分析项目建设是否符合有关水利规划的总体要求与整治目标。

5.1.2 建设项目对规划实施的影响分析

分析项目建设对有关水利规划的实施是否产生不利影响，是否增加规划实施的难度。

5.1.3 建设项目与防洪标准和有关技术要求的关系分析

根据建设项目设计所采用的洪水标准、结构型式及工程布置，分析项目的建设是否符合所在河段的防洪标准与有关技术要求。

5.1.4 建设项目与水利部门有关管理规定的分析

主要分析项目建设是否符合水利部门有关管理规定。

5.2 项目建设对河段泄洪影响分析

根据建设项目壅水计算或试验结果，分析工程对河道行洪安全的影响范围和程度。对施工过程须占用河道过水断面的建设项目，还应根据施工导流方案及工期安排，分析工程在施工期对河道泄洪能力的影响。

5.3 建设项目对河势稳定影响分析

根据数学模型计算或物理模型试验结果，或结合河道演变分析成果，综合分析工程对河势稳定的影响。主要内容应包括：

（1）分析项目实施后总体流态和工程影响区域局部流态的变化趋势；

（2）对分汊河段，应分析项目建设是否会引起各汊道分流比、分沙比的变化；

（3）通过对各代表性断面和代表垂线流速、流向的变化情况的统计分析成果，分析项目建设对总体河势和局部河势稳定有无明显的不利影响；

（4）结合河道冲淤变化的计算或试验成果，评价项目建设是否会影响河势稳定；

（5）对工程施工临时建筑物可能影响河势稳定的建设项目，应根据有关计算或试验成果，分析工程施工期对河势稳定的影响。

对河势稳定影响较小的项目，也可结合河道演变分析成果或采用类比法，做定性分析。

5.4 建设项目对堤防、护岸和其他涉河工程与设施的影响分析

根据有关计算结果，分析项目建设对评价河段内的各类工程与设施的安全和运行所带来的影响。其主要内容包括：

（1）根据工程影响范围内堤防近岸流速、流向的变化情况，分析项目建设对堤脚或岸坡冲刷的影响；

（2）根据护岸工程近岸流速、流向的变化情况，分析项目建设对已建护岸工程稳定的影响；

（3）对可能影响现有防洪工程安全的建设项目，应根据渗透稳定复核、结构安全复核、抗滑稳定安全复核、地基承载力复核等计算结果，进行分析；

（4）对邻近水文观测断面和观测设施的建设项目，应分析对观测精度的影响，以及观测设施的安全运行影响；

（5）对可能影响现有引水、排涝设施的引排能力的建设项目，应根据有关计算结果，分析项目建设对引水、排涝的影响；

（6）对其他设施的影响分析。

5.5 项目建设对防汛抢险的影响分析

对跨堤、临堤以及需临时占用防汛抢险道路或与防汛抢险道路交叉的建设项目，应进行防汛抢险影响分析。其主要内容应包括：

（1）根据建设项目跨堤、临堤建（构）筑物的平面布置、断面结构及主要设计尺寸，分析是否会影响汛期的防洪抢险车辆、物资及人员的正常通行；

（2）根据建设项目的施工平面布置、施工交通组织及工期安排情况，分析工程施工期对防汛抢险带来的影响；

（3）分析项目建设是否会影响其他防汛设施（如通信设施、汛期临时水尺等）的安全运行。

5.6 建设项目防御洪涝的设防标准与措施评价

分析建设项目运行期和施工期的设防标准是否满足现状及规划要求，并对其所采用的防洪、排涝措施是否适当进行分析评价。

5.7 项目建设对第三合法水事权益人的影响分析

根据项目建设的布置及施工组织设计，分析工程施工期和运行期是否影响附近取水口的正常取水、临近码头的正常停泊等第三人合法水事权益。

6 防治与补救措施及投资概算

6.1 建设项目影响的防治措施

建设项目影响的防治措施（含运行期与施工期）应包括：

（1）对水利规划的实施有较大影响的建设项目，应对建设项目的总体布置、方案、建设规模、有关设计、施工组织设计等提出调整意见，并提出相应补救措施；

（2）对河道防洪水位、行洪能力、行洪安全、引排能力有较大影响的建设项目，应对其总体布置、结构型式尺寸、施工导流方案等提出调整意见，并提出相应的补救措施；

（3）对现有堤防、护岸工程安全影响较大建设项目，应对其布置、结构型式与尺寸、施工组织设计等提出调整意见，并提出相应补救措施；

（4）对防汛抢险、工程管理有较大影响的建设项目，应对其工程布置、施工组织设计、工期安排等提出调整意见，并提出相应补救措施；

（5）对河势稳定有较大影响的建设项目，应对其工程布置、结构型式、施工导流方案及施工临时建筑物设计等提出调整意见，并提出有关补救措施；

（6）对其他涉河工程及运用有较大影响的建设项目，应对其工程布置、结构型式及施工组织设计等提出调整意见，并提出有关补救措施；

（7）其他影响补救措施，包括第三权益人的补救措施等。

6.2 防治补救措施的工程量与投资概算

对需要采取的防治和补救措施，应列出其工程量与投资概算情况表。

7 结论与建议

总结归纳综合评价的主要结论,对存在的主要问题提出建议。其主要内容如下:

7.1 河段河道演变规律、发展趋势及河势稳定的分析结论;

7.2 建设项目对各方面影响的评价结论;

7.3 应当采用的防治补救措施与投资概算;

7.4 对存在的主要问题的有关建议措施。

参考文献

[1] 中华人民共和国住房和城乡建设部. 园林绿化工程施工及验收规范：CJJ 82—2012[S]. 北京：中国建筑工业出版社，2012.

[2] 中华人民共和国住房和城乡建设部. 园林绿化工程项目规范：GB 55014—2021[S]. 北京：中国建筑工业出版社，2021.

[3] 深圳市市场监督管理局. 绿化迁移技术规范：DB 4403/T 81—2020[S]. 北京：中国标准出版社，2020.

[4] 国家市场监督管理总局. 道路交通标志和标线：GB 5768—2022[S]. 北京：人民交通出版社，2022.

[5] 中华人民共和国公安部. 城市道路施工作业交通组织规范：GA/T 900—2010[S]. 北京：公安部交通管理科学研究院. 中国标准出版社，2010.

[6] 中华人民共和国住房和城乡建设部. 城市工程管线综合规划规范：GB 50289—2016[S]. 北京：中国建筑工业出版社，2016.

[7] 陈枫. 浅谈市域铁路建设时高压电力线路迁改的业主工作[J]. 科技与企业，2015.

[8] 杨彧、刘刚、尹国伟，等. 高压输电线路迁改工程施工管理优化[J]. 中国电力企业管理，2024.

[9] 刘帅. 设计施工总承包模式在高压输电线路迁改工程中的应用[J]. 中国高新技术企业，2016.

[10] 韦政海. 探讨建设工程高压电力线路的迁改[J]. 建材与装饰，2020.

[11] 凌云. 铁路电力迁改工程总承包设计服务方案的研究[J]. 项目管理技术，2020.

[12] 杨福宁. 高压电力线路交叉跨越铁路的迁改工作[J]. 运输经理世界，2021.

[13] 李海林. 高压输电线路迁改工程方案要点分析[J]. 企业技术开发，2018.

[14] 杨晓勇. 轨道交通建设中前期配套工程合理实施的研究[D]. 南京：东南大学，2016.

[15] 吴磊. 电力线路改迁与城市合理规划建设用地[J]. 广东科技，2011.

附 录 一

河道管理范围内建设项目行洪论证与河势稳定评价报告编制目录

1 概述

1.1 河流概述

1.2 评价依据

1.3 评价范围与防洪标准

1.4 研究路线与工作内容

2 基本情况

2.1 建设项目概况

2.2 评价河道河段情况

2.3 现有涉河工程与本建设项目的关系

2.4 评价河段水利规划与实施情况

3 河道演变

3.1 河道历史演变

3.2 河道近期演变分析

3.3 河道演变趋势预测

4 行洪论证与计算

4.1 一般要求

4.2 水文分析计算

4.3 雍水分析计算

4.4 冲刷与淤积分析计算

4.5 河势影响分析计算

4.6 排涝影响分析计算

4.7 其他计算

5 综合评价

5.1 项目建设与有关规划、标准、管理的关系分析

5.2 项目建设对河段泄洪影响分析

5.3 建设项目对河势稳定影响分析

5.4 建设项目对堤防、护岸和其他水利工程设施的影响分析

5.5 项目建设对防汛抢险的影响分析

5.6 建设项目防御洪涝的设施标准与措施评价

5.7 项目建设对第三合法水事权益人的影响分析

6 防治与补救措施及投资概算

6.1 建设项目影响的防治措施

6.2 防治补救措施的工程量与投资概算

7 结论与建议

7.1 河段河道演变规律、发展趋势及河势稳定的分析结论；

7.2 建设项目对各方面影响的评价结论；

7.3 应当采用的防治补救措施与投资概算；

7.4 对存在的主要问题的有关建议措施。

附 录 二

河道管理范围内建设项目行洪论证与河势稳定评价报告附图参考目录：

1 建设项目所在河流水系图、河段河势图

2 建设项目所在地理位置示意图

3 建设项目所在河流的规划图、评价河段的现状涉河建筑设施位置与属性图

4 建设项目的总体平面布置图、主要结构图、剖面图

5 建筑物所占行洪断面图

6 河道演变分析所取断面位置图、各种平面变化和断面变化套绘图

7 数模计算或物理模型试验范围图、测站（含测流断面和垂线）位置图、计算分析和试验取样点（含取样断面）位置图

8 数模和物模率定与验证取样点（含取样断面）位置图、率定与验证成果图

9 水位影响等值线图

10 流速影响等值线图

11 断面流速分布影响图（或流速分布矢量图）

12 主流线影响图（或矢量图）

13 工程前后流场图

14 冲淤变化图

15 防治措施或补救措施工程设计图